UNA GUÍA PASO A PASO

MANUAL DE CARPINTERÍA I

Las herramientas de mano

Coordinación: **Luis Lesur**

EDITORIAL TRILLAS

México, Argentina, España
Colombia, Puerto Rico, Venezuela ®

JUN - 2006

Catalogación en la fuente

Lesur, Luis
    *Manual de carpintería I : las herramientas de mano :
una guía paso a paso. -- 2a ed. -- México : Trillas,
1998 (reimp. 2005).
    144 p. : il. col. ; 27 cm. -- (Cómo hacer bien y
fácilmente)
    ISBN 968-24-5645-2*

    *1. Carpintería - Herramientas. 2. Carpintería -
Manuales, etc. I. t. II. Ser.*

D- 694.0202'L173m   LC- TH5607'L4.5   2202

*Derechos reservados
© 1991, Editorial Trillas, S. A. de C. V.,
División Administrativa, Av. Río Churubusco 385,
Col. Pedro María Anaya, C. P. 03340, México, D. F.
Tel. 56884233, FAX 56041364*

*División Comercial, Calz. de la Viga 1132, C. P. 09439
México, D. F. Tel. 56330995, FAX 56330870*

www.trillas.com.mx

*Miembro de la Cámara Nacional de la
Industria Editorial. Reg. núm. 158*

*Primera edición, 1991 (ISBN 968-24-4406-3)
  Reimpresión, 1995
Segunda edición, 1998 (ISBN 968-24-5645-2)
  Reimpresiones, 2001 y 2004*

Tercera reimpresión, octubre 2005

*Impreso en México
Printed in Mexico*

*Esta obra se terminó de imprimir y encuadernar
el 17 de octubre de 2005,
en los talleres de Rotodiseño y Color, S. A. de C. V.*
BM2 100 RW

En la elaboración de este manual participaron:

Carlos Marín: en fotografía, producción y diseño gráfico.

Graciela Hernández Ávila: en producción y modelaje.

Contenido

HERRAMIENTAS PARA MEDIR Y TRAZAR

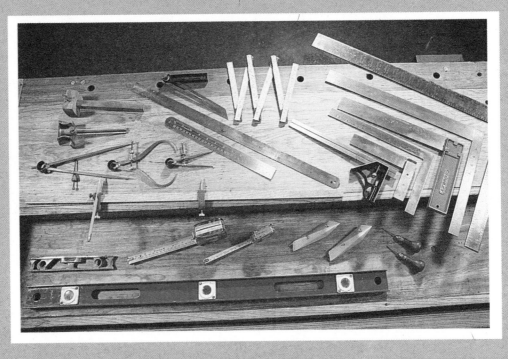

Para cortar, ranurar o unir piezas es fundamental medir y trazar bien. Si la medición se hace mal, todo lo demás estará mal. Hay veces que un milímetro o dos de tolerancia no son importantes, pero cuando se trata de unir dos o más piezas en un ensamble, un milímetro de más o de menos puede traer problemas.

Por eso, las primeras herramientas que conviene conocer son las que se usan para medir y trazar. Las más importantes son la cinta métrica, el metro plegable de carpintero, las escuadras, los compases, el gramil, el nivel, el lápiz, la navaja y el punzón.

HERRAMIENTAS PARA MEDIR Y TRAZAR

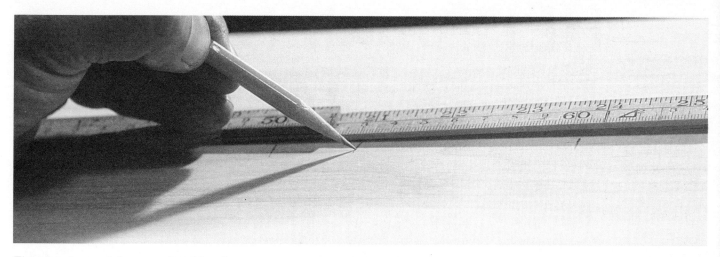

El metro de carpintero es plegable, de no más de metro y medio. Tiene la ventaja de colocarse sobre la madera, sin necesidad de sostenerlo con la mano.

La cinta métrica o *fluxómetro* se usa para medir piezas más largas, pero no conviene que sea mayor de 3 metros.

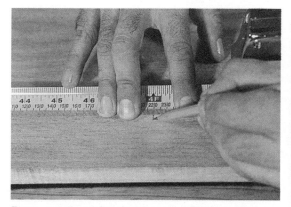

Para medir, el fluxómetro se coloca encima de la madera, completamente al ras, mientras que, exactamente desde arriba, se ve la medida que se necesita y se marca. Mida siempre dos veces para asegurarse de que está hecho correctamente.

La cinta métrica permite medir con facilidad superficies interiores; simplemente se suma la distancia que indica la caja a la medida que señala el metro.

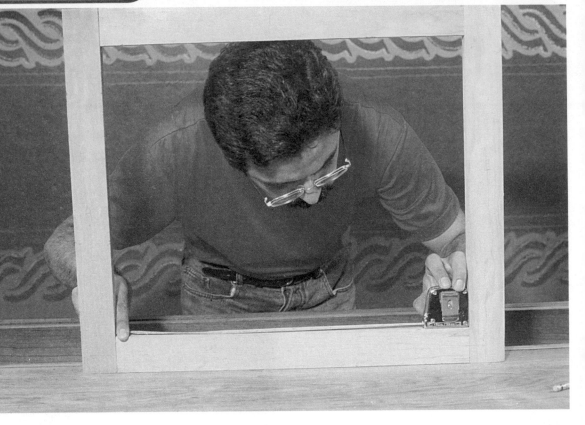

El fluxómetro también puede servir para medir superficies curvas.

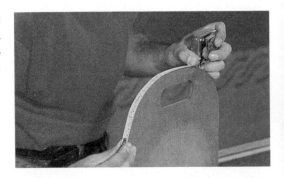

REGLA

Para medir y trazar se usan reglas de acero que, al igual que las cintas métricas, generalmente traen dos medidas: centímetros y pulgadas. Para trazar bien hay que asentar la regla perfectamente sobre la línea que se desea trazar y marcar con un lápiz duro y bien afilado.

HERRAMIENTAS PARA MEDIR Y TRAZAR

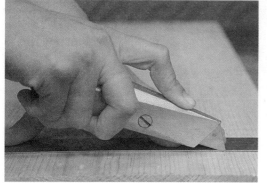  

Es mejor marcar con una navaja, que hace un trazo más preciso, completamente pegado a la regla.

Si la línea de la navaja es difícil de ver, se marca encima con un lápiz afilado.

Todos los trazos deben marcarse con navaja o lápiz duro afilado, pero aquí en la demostración usaremos plumón para que se vea con claridad lo que hacemos. Recuerde que usted lo debe hacer con lápiz y medir dos veces, antes de trazar.

Las reglas pueden servir para dividir una tabla en cualquier número de espacios iguales, colocando la regla sesgada sobre la pieza de madera.

Se hace que la regla coincida con el número en que quiere dividir, o en un múltiplo de él, como en este caso 12, múltiplo de 4, para dividir en cuatro partes.

La escuadra se usa principalmente para marcar una línea en ángulo recto a un borde. Está formada por la hoja y el mango o talón.

El mango se aprieta firmemente contra la pieza que se trabaja, de modo que la hoja indica la línea de trazo.

Para comprobar que la línea está exactamente en ángulo recto con el borde, se da vuelta a la escuadra, sobre la línea trazada. Si no coincide es que está mal trazada.

La escuadra sirve también para comprobar que dos piezas estén unidas en ángulo recto, ya sea por la parte exterior o por la interior.

También se emplea para ver si el corte que se hizo con el serrucho está a escuadra, colocando la hoja sobre la superficie cortada y el mango sobre el borde. A contraluz se pueden ver las separaciones.

Con la escuadra se verifica que los cantos de una tabla estén a escuadra, y se verifica el alabeo o torcimiento de las tablas.

Hay unas escuadras que tienen la unión del mango con la hoja en un ángulo de 45 grados. Sirven para marcar los cortes a *inglete* o cortes sesgados. Se llaman **escuadras de ingletes.**

La escuadra plana de hierro es muy útil para verificar que estén planas las superficies grandes y para verificar ángulos externos e internos al ensamblar bastidores.

La falsa escuadra sirve para marcar y trazar ángulos diversos con la hoja movible, la cual puede sujetarse en cualquier ángulo.

HERRAMIENTAS PARA MEDIR Y TRAZAR

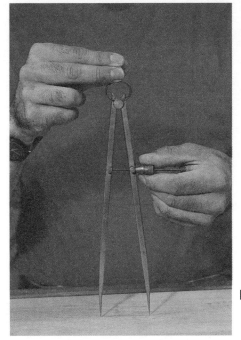

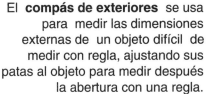

Los compases se usan en carpintería para trazar círculos. Tienen sus patas terminadas en punta y un tornillo con muelles para ajustarlo con gran precisión.

Se emplean principalmente para transportar medidas. Y para marcar cualquier cantidad de espacios iguales.

El **compás de exteriores** se usa para medir las dimensiones externas de un objeto difícil de medir con regla, ajustando sus patas al objeto para medir después la abertura con una regla.

El **compás de interiores** sirve para medir las dimensiones internas de una pieza.

Finalmente, el **compás de vara** se usa para trazar círculos grandes. Tiene dos puntas que se deslizan por una vara y que se pueden fijar a la distancia que se necesite, apretando un tornillo.

Es fácil construir un compás de vara metiendo dos clavos en una tira de madera. Haciendo una ranura a lo largo de una parte de la tira se puede hacer que la posición de uno de los clavos sea variable, si se sujeta con una prensa pequeña.

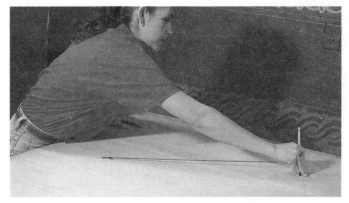

Cuando se trata de trazar círculos muy grandes se usa un clavo, un cordel y un lápiz. Mientras se traza el círculo con el lápiz hay que mantener el cordel completamente tenso.

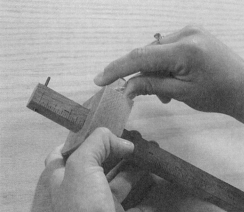

El gramil se usa para marcar líneas paralelas al borde de una tabla. La distancia deseada se coloca midiendo desde la punta con la que traza, hasta la cabeza del gramil.

O también leyendo directamente en la regla. Para correr la regla se afloja el tornillo, se ajusta a la distancia deseada y se aprieta. Luego, se verifica que esté a la distancia correcta.

Para trazar se coloca la cabeza del gramil contra el canto de la tabla y la punta, un poco inclinada y se asienta sobre la pieza de madera.

Luego se corre el gramil, alejándolo del cuerpo, para que la punta haga una ligera línea sobre la madera. La cabeza del gramil debe mantenerse firmemente asentada contra el canto de la tabla.

Sus dedos pueden servir como gramil cuando quiera hacer marcas no muy precisas. Apoye un dedo sobre el canto y marque, jalando su brazo hacia el cuerpo.

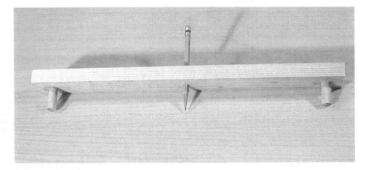

Para encontrar y trazar fácilmente el centro de una tabla se corta una tira de madera y cerca de cada extremo se pone un taquete. En el centro de la tira se perfora un agujero por el que quepa un lápiz.

La tira de madera se coloca atravesada sobre la tabla y se gira hasta que los dos taquetes toquen firmemente los lados o cantos de la tabla. Se mete un lápiz y se corre la tira de madera para marcar la línea exactamente al centro.

HERRAMIENTAS PARA SOSTENER

Buena parte del éxito de la carpintería depende de que se tenga un buen lugar de trabajo, que propicie la precisión.

Que permita trabajar la madera cómodamente, sujetándola con firmeza mientras se corta, se labra y se ensambla.

Para sujetar apropiadamente el trabajo se usan: el banco de carpintero y las prensas. Para empezar puede utilizar cualquier mesa sólida, que no importe que se maltrate al trabajar la madera. El banco que se emplee como soporte debe ser firme, rígido, con una superficie plana, a una altura confortable.

En el borde del banco, generalmente, en el lado izquierdo, se monta un tornillo de banco, cuyas mandíbulas están al mismo nivel que la tapa de la mesa.

Al frente, sobre la tapa, hay unos agujeros para topes, en los que se introducen unos taquetes de madera en los que se topa y apoya el trabajo.

Algunas veces el banco tiene al centro una parte hundida, llamada bandeja, en la cual se ponen las herramientas para que no estorben y, a la vez, estén a la mano.

Otras veces tiene una ranura en la parte posterior en la que se cuelgan algunas herramientas.

Los bancos más elaborados tienen un tornillo de ebanista montado en una esquina, en la misma línea de los agujeros para topes. El mismo tornillo también tiene agujero para tope, lo cual permite prensar las piezas sobre la superficie de la mesa, para labrarlas.

En la pata contraria al tornillo de banco se hacen otros agujeros, a distintas alturas, para otros topes, en los cuales se pueda apoyar el otro extremo de la pieza que se tiene en la prensa.

Además del banco de carpintero son muy útiles unos **burros** o bancos de 60 centímetros de alto.

HERRAMIENTAS PARA SOSTENER

Las prensas son como manos extras para fijar las piezas firmemente al banco de trabajo mientras se trabaja en ellas, y para asegurarlas mientras se engoman. Algunos carpinteros dicen que nunca tienen suficientes.

Las más usadas son las **prensas en "G",** que tienen un marco de hierro en forma de "C" y un tornillo con una asa de corredera y una zapata.

No apriete mucho porque puede lastimar o romper la madera. Para protegerla y distribuir mejor la presión, es conveniente colocar unos trozos de madera entre la prensa y la pieza que se sostiene.

Las **prensas de esquina** se usan para mantener en su lugar las juntas a inglete mientras seca el pegamento.

Hay una prensa para sostener molduras en el canto de una tabla.

Los **sargentos** son unas prensas muy largas, montadas sobre una barra de hierro con agujeros, y con una cola que corre y se atora en los orificios de la barra.

Son usadas, generalmente, para prensar los bastidores de puertas y ventanas.

LA FAMILIA DE LOS SERRUCHOS

Hay varias clases de serruchos.
Cada uno sirve para distintas cosas,
como el de corte al través, el de
costilla, el de ensambles, el de arco,
el de corte circular y el de
contornear.

SERRUCHOS

Los serruchos están compuestos por una hoja con los dientes, el lomo, la punta y el talón y una empuñadura o mango. El tamaño del serrucho lo determina el largo de la hoja. Los más populares son los de 60 a 65 centímetros.

El que la hoja sea *fina* o *burda* depende del número de dientes por pulgada. Entre menos dientes por pulgada tiene, son más grandes y cortan más rápido y más burdo. Entre más dientes tiene son más pequeños y cortan más lento, pero más firmemente y con mayor precisión.

El serrucho más común y conveniente es el de corte al través, es decir, para cortar a lo ancho de las tablas, aunque también sirve para cortar al hilo.

Este es el mejor serrucho para cortar el triplay y los aglomerados.

Los largos más comunes son: 40, 50, 60 y 65 centímetros.

Los dientes de los serruchos de corte al través varían entre 7 y 15 por pulgada. Entre menos dientes, más rápido es el corte, pero se tiene menor calidad.

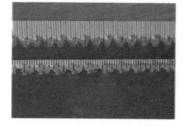

Para comenzar a cortar, marque la línea de corte con una escuadra y un lápiz duro o una navaja. Recuerde que aquí, por claridad, lo hacemos con un plumón.

Coloque firmemente la tabla que va a cortar y fíjela con una prensa por la parte más grande de la tabla, de tal manera que con su mano izquierda pueda usted recibir, con los últimos serruchazos, la pieza más pequeña, para que no se desgarre al caer.

Debe cuidar que su ayudante no trate de elevar un poco la tabla, porque cerrará la ranura de corte y el serrucho se atorará.

Si tiene que cortar una pieza demasiado larga es mejor que una persona le ayude a sostener el extremo libre, que puede provocar un movimiento indeseable.

Al cortar con el serrucho, se pierden entre uno y tres milímetros de madera. Por eso, para que la pieza quede del tamaño exacto que necesita, el corte debe hacerse a un lado de la línea, no encima de ella.

Coloque la hoja junto a la línea de corte en el lado de la madera que no se va a usar, con su vista en el lado izquierdo de la hoja, para que vea lo que va a cortar.

Para cortar con los serruchos de corte al través, la inclinación ideal es de 45 grados.

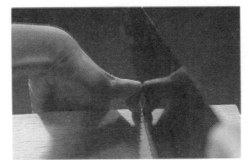

Lo más difícil es el comienzo. Se guía el serrucho con el dedo pulgar de la mano izquierda y se hacen dos o tres movimientos hacia atrás, para hacer una pequeña ranura. Si se hace un movimiento hacia abajo, antes de que haya ranura, se corre el peligro de que el serrucho se brinque la línea de corte y lastime la tabla o su dedo.

SERRUCHOS

Una vez que tenga la ranura, haga movimientos cada vez más largos, lo más largos que pueda, con toda la hoja del serrucho y no muy rápidamente.

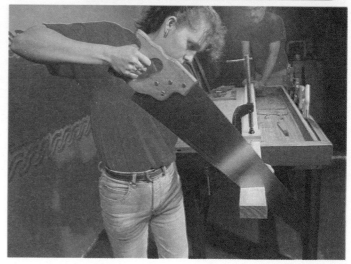

No presione sobre el serrucho; deje que el peso de la herramienta haga su trabajo. Si presiona y fuerza el serrucho, será más difícil guiarlo exactamente por la línea de corte. Simplemente jale despacio hacia arriba y empuje hacia abajo en movimientos largos. Es el método más fácil, más preciso y, a la larga, el más rápido.

Para ayudar a hacer los cortes precisos desde el principio, conviene hacer una guía que se pueda sostener con la mano o con una prensa.

A la vez, la guía mantiene el serrucho perfectamente vertical y le ayuda a tenerlo en el ángulo preciso de 45 grados.

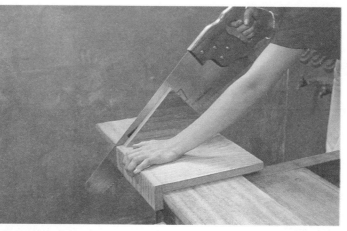

Para cortar con precisión las hojas de triplay conviene utilizar un par de guías y un serrucho muy fino, de alrededor de 15 dientes por pulgada, para que dañe menos los bordes y haga un corte más limpio.

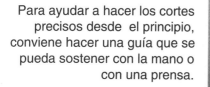

Los serruchos de corte al hilo ahora se usan poco, pues la mayor parte de los cortes al hilo, es decir a lo largo de la tabla, se hacen con sierras eléctricas. Pero si hay que cortar al hilo a mano, esta es la herramienta adecuada.

Los serruchos de costilla están reforzados en el lomo para que la hoja se mantenga completamente rígida. Miden de 30 a 60 centímetros y tienen de 12 a 14 dientes por pulgada.

Se usan para cortes de gran precisión, para hacer juntas y, especialmente, para hacer el corte preciso en un ángulo de 45 grados, llamado *a inglete*, con el cual se unen los lados de los marcos.

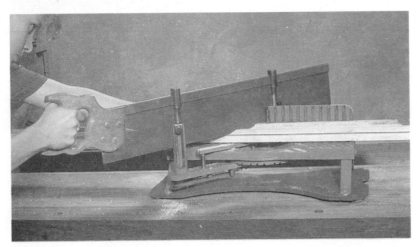

Para hacer esos cortes, este serrucho se usa con una caja de ingletes. Las hay muy precisas, para un trabajo constante y enteramente profesional.

O más simples para un trabajo eventual.

También uno mismo puede fabricarlos. Tienen forma de "U" y unas ranuras en los lados verticales, que guían al serrucho, para hacer cortes perfectamente a escuadra o en 45 grados.

Los **serruchos para ensamble de cola de milano o cola de pato** son serruchos de costilla más delicados. Miden de 20 a 25 centímetros y tienen de 18 a 22 dientes por pulgada. Se usan para hacer ensambles muy finos y no solamente para los de cola de pato. Generalmente se emplean a mano libre, pero tienen mayor precisión cuando se usan con guías, como la guía de ángulos, especialmente cuando el trabajo requiere muchos cortes semejantes.

SERRUCHOS

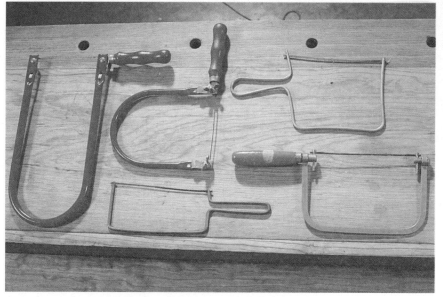

Y también cortes interiores calados, porque la hoja es desmontable y se puede insertar en un orificio para después colocarla en el arco.

La sierra de arco o sierra **caladora** es una sierra sumamente delgada que se mantiene tensa con un arco de metal. Se usa para hacer cortes curvos.

Generalmente los dientes de la sierra se colocan hacia el otro lado del arco y se trabaja hacia el frente, alejándose del cuerpo.

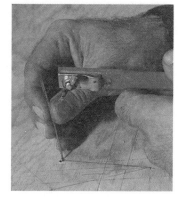

Pero la hoja se puede girar en cualquier dirección; basta aflojar la tensión, mover la hoja y apretar.

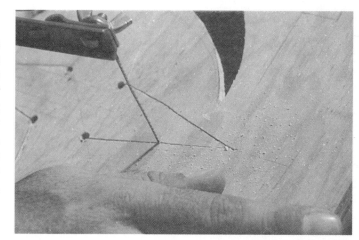

El área donde se haga el corte debe estar lo más cerca posible del soporte o apoyo de la pieza.

Es muy conveniente usar un apoyo en forma de "V".

21

Los serruchos de punta tienen hojas mucho más angostas que terminan en punta. Las hay desde 12 hasta 35 centímetros de largo, con alrededor de 10 dientes por pulgada.

Se usan para cortar curvas y hoyos en el centro de una pieza, como los hoyos para las cerraduras. Éstos generalmente se hacen con la sierra de ojo de cerradura que es la más angosta y la que hace el corte más terso.

Si se va a hacer un corte interno, primero se hace un agujero con una broca.

Si la curva es corta se hacen movimientos pequeños con la punta de la sierra.

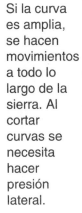

Si la curva es amplia, se hacen movimientos a todo lo largo de la sierra. Al cortar curvas se necesita hacer presión lateral.

SERRUCHOS

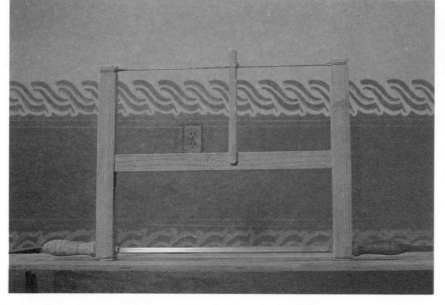

La parte superior de los cachetes es jalada hacia adentro por una cuerda que se tensa al torcerla con una pequeña estaca de madera.

La sierra contorneadora es un instrumento muy antiguo pero todavía muy usado. Es una hoja estrecha que se mantiene tensa por los cachetes o piezas laterales del marco, los cuales tienen unas manijas que pueden girar en su eje.

La hoja es intercambiable, más ancha o más delgada, con más o menos dientes. Mide entre 40 y 60 centímetros y permite hacer cortes interiores curvos, a una profundidad de 15 a 20 centímetros.

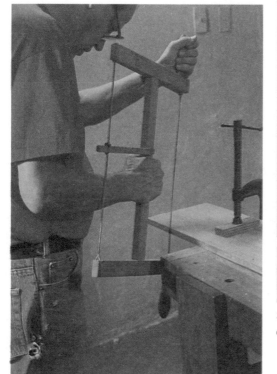

Se toma de sus pivotes con las dos manos, los cuales controlan la dirección de la hoja y sostienen al marco.

Cuando la hoja de un serrucho se oxida, hay que limpiarla frotándola con lija de agua y un poco de aceite.

Al final, para proteger el metal, se le pone una capa de cera para auto.

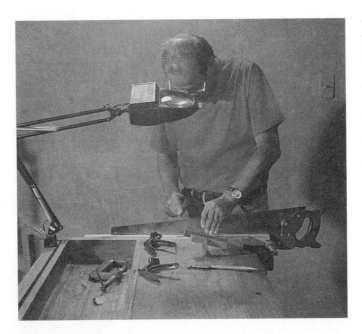

Cuando el serrucho ya no corta bien hay que afilarlo. El afilado de los serruchos es un poco más laborioso y difícil que el de otras herramientas. Se necesita tiempo, calma, atención y buena luz. Pero vale la pena, porque es muy importante que no trabaje con herramientas desafiladas.

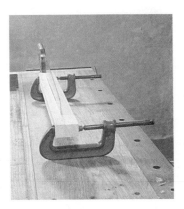

El primer paso es emparejar los dientes para que todos queden al mismo nivel. Para ello, se mete la hoja en medio de dos tiras de madera del largo del serrucho, para que quede completamente rígida.

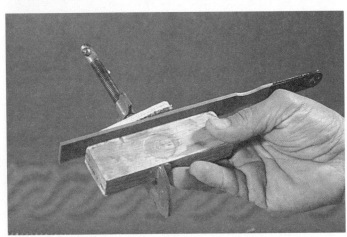

Se empareja con una lima plana sencilla, sin mango, que se monta en una guía hecha con dos trozos de madera y una pequeña prensa. La guía es indispensable para que la lima no se ladee y el vaivén sea perfectamente horizontal y perpendicular a la hoja.

Después de mucho uso los serruchos se van gastando más de la parte de en medio, formándose una hondonada que hay que quitar. Para ello, se lima suavemente hacia adelante y hacia atrás, hasta que todos los dientes quedan al mismo nivel, sin limar de más.

SERRUCHOS

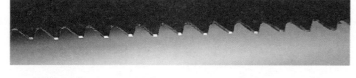

Se coloca el serrucho en la prensa y se mete la lima en la garganta del último diente, en un ángulo apropiado para que asiente en la parte de enfrente de los dientes.

Luego, mueva la hoja para que la luz se refleje en los bordes chatos que ha dejado la lima y pueda cerciorarse de que no ha quedado ningún diente sin limar. Ya que los dientes están nivelados se les devuelve su forma correcta con una lima triangular para sierras.

Afile con la lima perfectamente horizontal, con su dedo índice en la parte superior, apuntando hacia adelante y haciendo suficiente presión para que la lima corte también en el movimiento de regreso.

Se lima hasta que se ha quitado aproximadamente la mitad de la punta chata de los dientes. La otra mitad se quita al final, con el afilado.

Examine cada diente para saber dónde hay que ejercer más presión, de tal manera que todos los dientes y todas las gargantas queden del mismo tamaño.

Ya que todos los dientes han vuelto a tener su forma correcta hay que *triscarlos*, es decir, doblarlos hacia uno y otro lado, para evitar que el serrucho se atasque. El triscado se hace con el *triscador* o con la *pinza de triscar*.

Con el triscador todo el trabajo se hace a ojo, doblando cada diente a pulso.

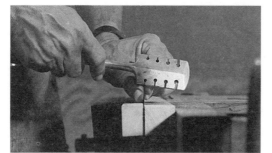

Mientras que la pinza de triscar se ajusta una vez y todos los dientes se doblan exactamente igual.

El triscado depende de la calidad de la madera que se trabaje. Para serrar la madera fresca se necesita más triscado que para la madera seca; para la suave más que para la dura.

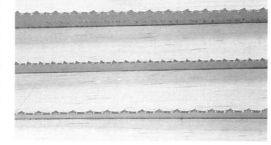

El torcido o triscado no debe ser mayor que una vez y media el grosor de la hoja, ni menos de una cuarta parte de éste. Si se tuercen demasiado los dientes, se pueden romper.

Si se triscan disparejo el corte será muy burdo. Si se tuercen más de un lado que del otro, al cortar, la hoja se irá de lado.

Se triscan los primeros seis dientes comenzando por la punta del serrucho para cerciorarse de que se está haciendo el doblez correcto.
Enseguida, se triscan todos los de un lado.
Y luego, todos los del otro, sosteniendo el serrucho entre sus manos.

Finalmente, se afilan los dientes. En los de corte al través se coloca el serrucho en la prensa, con el mango del lado derecho, mientras usted se para a la izquierda, frente a la punta de la hoja.

Coloque la lima enfrente del primer diente que esté doblado hacia usted, colocando la lima en un ángulo a la izquierda, de tal manera que toque, al mismo tiempo, el bisel de enfrente de ese diente y el bisel de atrás del siguiente.

Mantenga la lima a nivel o con el mango ligeramente alto, pero nunca hacia abajo, y lime hasta que las marcas del nivelado desaparezcan completamente. Luego, comience a limar el frente del siguiente diente doblado hacia usted.

Cuando haya afilado todos los dientes doblados hacia usted, dé vuelta al serrucho, ahora con el mango a la izquierda.

Párese en el extremo derecho, frente a la punta de la hoja y afile el frente de aquellos dientes que están frente a usted, hasta que las marcas del emparejado desaparezcan completamente.

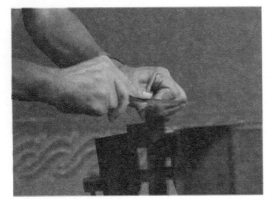

Finalmente, acueste la hoja sobre el banco de trabajo, tome una piedra de asentar fina y pásela suavemente, una sola vez, a lo largo de los dientes. Enseguida, hágalo del otro lado. Con esto se corrigen algunas pequeñas imperfecciones y se quitan las rebabas.

LA FAMILIA DE LOS CEPILLOS

El cepillo es una especie de cuchilla fija en una base, cuyo filo sobresale y, si se empuja, corta una viruta de madera. Sirve para alisar, pulir, adelgazar y dar forma a la madera.

Se utiliza para escuadrar los bordes de las tablas, biselarlos, para hacer pequeños rebajes y ajustes en las tablas y en las piezas que se ensamblan, y es la herramienta más importante para preparar la madera antes de recibir el acabado final.

Hay varias clases de cepillos y varios tamaños. Un buen carpintero usa tres: un cepillo de alisar, un garlopín y una garlopa.

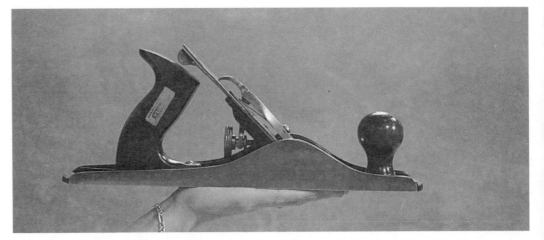

El **cepillo de alisar** es el más pequeño y el más fácil de manejar. Mide unos 25 centímetros de longitud. Se usa para el trabajo final de pulir lo que antes se ha cepillado con el garlopín.

El **garlopín** es más largo y más pesado que el de alisar. Mide alrededor de 40 centímetros. Es, sin duda, el más útil de los cepillos. Adecuado para obtener superficies lisas, planas, y el mejor para desbastar o quitar lo burdo a la madera. Produce una viruta gruesa y, a veces, su hoja es ligeramente curva.

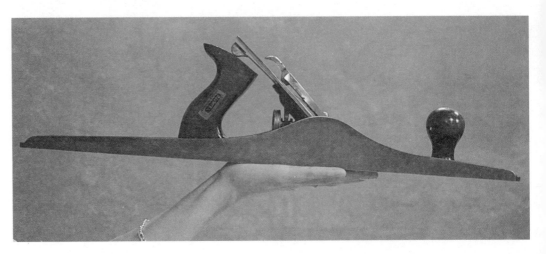

La **garlopa** es el cepillo más largo y más pesado. Mide 60 centímetros o más. Se usa para producir superficies enteramente planas, ya que como es tan largo, va quitando los lomos hasta que deja una superficie completamente uniforme. A la vez, uno corto puede meterse bastante en las partes bajas. Como es muy grande, puede desbastar y pulir con gran rapidez.

El **zapato** es un cepillo especial del tamaño de la palma de la mano, hecho para cepillar el grano de las puntas de las tablas, los cantos del triplay y algunos bordes curvos.

CEPILLOS

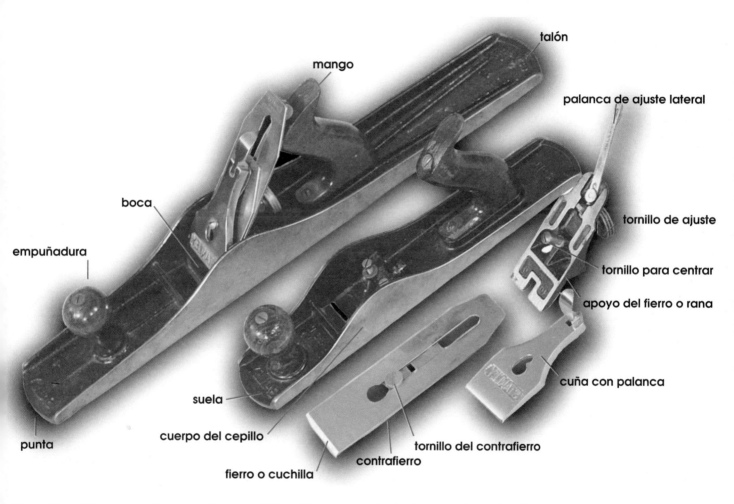

talón

mango

palanca de ajuste lateral

boca

tornillo de ajuste

empuñadura

tornillo para centrar

apoyo del fierro o rana

cuña con palanca

punta

suela

cuerpo del cepillo

tornillo del contrafierro

contrafierro

fierro o cuchilla

El cepillo está compuesto por: el cuerpo del cepillo, que consta de la suela, la punta, el talón y la boca; la empuñadura y el mango; el apoyo del fierro o rana con el tornillo para centrar, el tornillo de ajuste y la palanca de ajuste lateral; el fierro o cuchilla con su filo de bisel, el contrafierro con su tornillo y la cuña con su palanca.

El cepillo es una herramienta que corta; por tanto, lo más importante para que trabaje bien es que tenga un buen filo.

Con una cuchilla desafilada el trabajo será más pesado y la madera no quedará tan tersa. Al final de este capítulo mostramos cómo se afila la cuchilla, aunque en realidad es por aquí que debe empezarse.

El primer paso en el uso del cepillo es el ajuste del **fierro,** después de afilarlo. Se coloca el **contrafierro** encima del lado plano de la cuchilla.

Se mete el **tornillo del contrafierro** en la ranura y se desliza hasta que el borde del contrafierro queda justamente detrás del filo de la **cuchilla.**

Para hacer los trabajos generales de cepillado el contrafierro debe quedar un milímetro atrás del filo. Pero, cuando se trabaja contra el grano de la madera o en los extremos de una tabla, el contrafierro debe estar tan cerca, como sea posible, del filo de la cuchilla.

Si el contrafierro queda muy lejos del filo de la cuchilla y la madera se astilla quedan unos agujeros y unos bordes que se conocen como *repelo.*

Una vez que se ajustó el contrafierro contra la cuchilla apriete el tornillo para que queden firmes.

Ahora, coloque el fierro sobre la **rana**, con el bisel hacia abajo. Asegúrese de que el filo de la hoja entre bien en la boca del cepillo y que las puntas de ajuste lateral y de ajuste de profundidad entren en las ranuras.

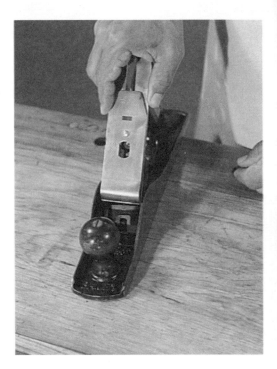

CEPILLOS

Deslice la **cuña** sobre el **tornillo centrador** y baje la **palanca** de la cuña. Si la cuchilla está en la posición correcta, quedará firme en su lugar.

Pero si la palanca no baja o baja muy forzada, entonces afloje un poco el tornillo para centrar. Si el fierro queda flojo después de bajar la palanca, apriete un poco el tornillo para centrar.

El filo debe salir apenas sobre la boca del cepillo. Colóquelo boca arriba, con la punta hacia usted, y vea qué tanto sobresale el filo. Debe salir menos de un milímetro.

Mientras más salido esté, más profundo es el corte y más gruesa la viruta. Cuando la viruta es gruesa se hace más esfuerzo y es más fácil que la madera se astille.

La cuchilla sale por la **boca** del cepillo cuando el **tornillo de ajuste** se gira hacia atrás, y se mete cuando se gira hacia la rana.

Para que el filo salga parejo, haga el ajuste, moviendo hacia un lado y hacia otro la palanca de ajuste lateral. Con ello queda listo el cepillo para trabajar.

31

Para cepillar, coloque la tabla que va a cepillar de manera que no se mueva. Si se va a cepillar un lado se coloca sobre el banco contra uno o varios de los taquetes o topes.

O, simplemente, contra una tira de madera clavada.

O contra una pieza de madera que impida que se gire. De lo que se trata es de que la tabla esté completamente libre, sin prensas y que no se mueva para adelante, ni gire, mientras usted corre el cepillo sobre ella.

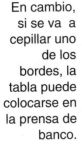

En cambio, si se va a cepillar uno de los bordes, la tabla puede colocarse en la prensa de banco.

Como al cepillar los cantos es importante que éstos se mantengan a escuadra, algunos carpinteros utilizan una guía, en la que al mismo tiempo que se detiene la tabla, se mantiene el cepillo siempre en ángulo recto.

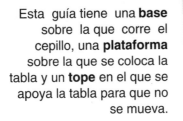

Esta guía tiene una **base** sobre la que corre el cepillo, una **plataforma** sobre la que se coloca la tabla y un **tope** en el que se apoya la tabla para que no se mueva.

Se cepilla en el mismo sentido de la inclinación del grano. Si se hace en contra del grano, se astilla el filo de la cuchilla.
Vea con cuidado la tabla, descubra el sentido del grano y colóquela de tal manera que el grano corra de derecha a izquierda.

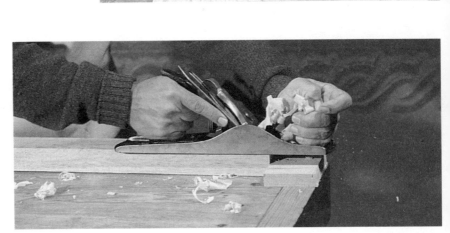

CEPILLOS

Párese firmemente frente a la mesa de trabajo y a la tabla. Coloque sus piernas abiertas, con el pie izquierdo paralelo a la mesa y el derecho apuntando hacia la mesa.

De esa manera su cuerpo también puede ir adelante con el movimiento del cepillo.

Si se para con los pies juntos, su cuerpo quedará demasiado atrás al avanzar el cepillo.

Tome el cepillo con las dos manos. La izquierda en la empuñadura, para controlar la dirección. La derecha en el mango, para empujar el cepillo. Al comenzar, presione un poco la empuñadura hacia abajo, contra la tabla y empuje el cepillo con la derecha.

Después, haga igual presión con las dos manos sobre la tabla y siga empujando el cepillo. Cuando termine la pasada afloje un poco la presión en la punta y presione sobre el mango. Al principio, muchas veces se comete el error de cepillar más profundamente al inicio y al final de la tabla. Pero ello se evita si comienza con presión en la punta y termina con presión en el mango.

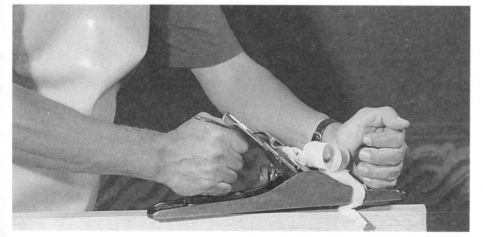

Para cepillar tablas muy largas es necesario caminar a lo largo de la tabla, siguiendo las mismas reglas de la presión, hasta dominarlas sin dificultad. Se debe cepillar de punta a punta para que la madera que quite el cepillo sea la misma a todo lo largo de la tabla.

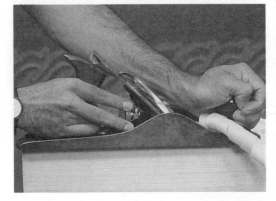

No retroceda el cepillo pegado a la madera. Levántelo y vuélvalo al lugar del inicio y colóquelo sobre la madera para hacer una nueva pasada.

Si corta mucho o muy poco hay que hacer ajustes con el tornillo de ajuste. Corra nuevamente el cepillo hacia adelante y vea si el corte es con la profundidad que necesita. Siempre haga el último ajuste cuando el cepillo corre hacia adelante.

Algunas veces el cepillo corta en unos puntos y en otros no, y se tiene la tentación de sacar más el filo para que haga un corte parejo, con una viruta larga. Pero lo que ocurre en esos casos es que la madera tiene salientes que deben removerse primero, para dejar una superficie completamente lisa.

Cuando hay un nudo es mejor no cepillar, pues se desafila la cuchilla. En las cercanías de los nudos hay que cambiar la dirección del cepillado para irse ajustando a los cambios del sentido del grano. Si tiene que cepillar contra el grano afile bien la cuchilla, coloque el contrafierro lo más cerca del borde del filo y ajuste la cuchilla para hacer un corte muy fino.

Para alisar una tabla se cepilla primero una de sus caras, aquella que esté en mejores condiciones. Luego, se cepilla la otra cara. Si la tabla está ligeramente pandeada es mejor cepillar en diagonal o sesgado.

Vea si la tabla no quedó *alabeada* o torcida colocando dos tiras de madera o entreguías, una al principio de la tabla y otra atrás. Si al mirar al ras de las guías no se ve una inclinada, entonces la tabla está bien cepillada. Pero, si una de las entreguías queda inclinada, es que la tabla está mal cepillada y hay que corregirla.

CEPILLOS

Luego se cepillan los cantos. Para ver si un canto ha sido bien cepillado a escuadra, se coloca una escuadra en un extremo, firmemente apoyada contra una cara de la tabla y se recorre a todo lo largo del canto.

Nunca trate de corregir el canto inclinando con la cuchilla del cepillo. Hágalo siempre corrigiendo la posición de sus manos.

Los lugares donde la escuadra se aparta un poco del canto están fuera de escuadra. Se marcan con un lápiz y se cepillan de nuevo.

Para ver si un canto esta recto puede colocarse una regla. Las jorobas o salientes se marcan con un lápiz y se corrigen con la garlopa.

Para terminar de cepillar un canto, ajuste la cuchilla a un filo muy poco profundo y pase el cepillo con mucho cuidado, sin mucho peso, hasta tener una superficie tersa a escuadra.
Corra la escuadra sobre el canto después de cada pasada con el cepillo para ir descubriendo los puntos que tiene que ir corrigiendo.

Una manera de evitar que el extremo de una tabla se astille cuando se cepilla al través, es prensando un trozo de madera del mismo ancho, en uno de los extremos, de manera que el cepillo pueda correr de lado a lado de la tabla, sin astillarla.

El zapato es un cepillo para los bordes. Su cuchilla tiene el bisel hacia arriba, en vez de hacia abajo, y en menor ángulo. Produce aserrín en lugar de virutas.

El porta-cuchillas o **escochebre** sirve para pulir superficies curvas.

Se sujeta con las dos manos, jalando hacia uno mismo o empujando, siempre a favor del hilo o grano.

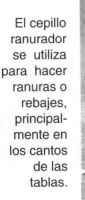

El cepillo ranurador se utiliza para hacer ranuras o rebajes, principalmente en los cantos de las tablas.

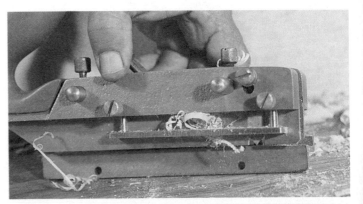

Tiene un tope de profundidad que deja de cortar cuando se ha alcanzado la profundidad necesaria, de tal manera que puede hacerse cualquier número de rebajes o ranuras de las mismas dimensiones.

Para hacer ranuras se comienza por el extremo más lejano, quitando una o dos virutas cortas.

La cuchilla debe sobresalir un poco por el lado, no más del grosor de una hoja de cartón delgado o cartulina.

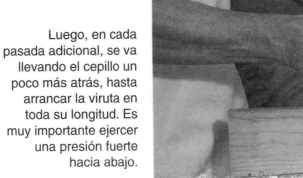

Luego, en cada pasada adicional, se va llevando el cepillo un poco más atrás, hasta arrancar la viruta en toda su longitud. Es muy importante ejercer una presión fuerte hacia abajo.

CEPILLOS

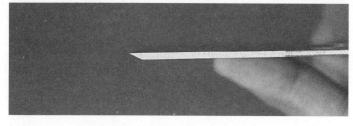

Si su cepillo es nuevo, antes de usarlo debe sacar filo a la cuchilla, pues el que trae de fábrica no es suficiente. Con el uso el filo se va acabando, de manera que es necesario estar afilando la cuchilla con frecuencia.

El filo de la cuchilla tiene un ángulo o bisel de 30 grados. Si es más delgado el filo se mellará con mayor frecuencia y facilidad. Si es más grueso, menos fino, se hace más difícil el corte. Por eso, al afilar debe mantenerse el ángulo.

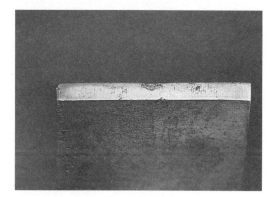

Cuando la hoja está mellada, inclinada o redondeada, entonces, antes de afilar, hay necesidad de esmerilarla, en una rueda de esmeril, para corregir sus defectos y después sacarle filo. Al esmerilar, primero, se revisa que el filo esté a escuadra. Si no está, debe corregirse.

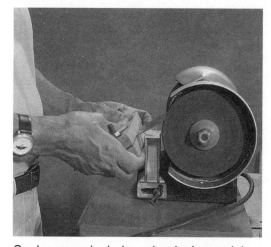

Se descansa la hoja sobre la base del esmeril y se mueve de izquierda a derecha, con muy poca presión. No trabaje en arco o en círculo, o usando más presión de un lado que de otro. Tampoco cambie de ángulo.

Para que la hoja no se caliente demasiado y el acero pierda el temple, debe meterse con frecuencia en agua para mantenerla siempre fría. Luego, verifique la escuadra.

Es difícil mantener la hoja exactamente a la misma distancia mientras se corre horizontalmente sobre el apoyo del esmeril. Para lograr que corra con precisión se hace una prensa con dos pequeñas placas, ya sean de madera o de metal. Una va abajo y la otra arriba del fierro, y se prensa con dos tornillos con sus mariposas.

Para ajustar la prensa se asienta la hoja sobre la rueda de esmeril, con el esmeril apagado, de manera que tenga un ángulo de 25 a 30 grados. En ese punto se coloca la prensa de modo que haga contacto con el soporte del esmeril, y se aprietan las placas girando las mariposas.

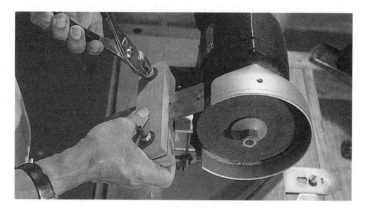

Verifique, con una escuadra, la alineación de la prensa respecto de la hoja.

Encienda el esmeril, coloque la hoja sobre el soporte y recórralo suavemente de izquierda a derecha.

Esmerile hasta que la hoja quede completamente a escuadra y sin ninguna melladura.

Meta la hoja, con frecuencia, en agua.

Ya que la hoja está a escuadra y sin melladuras, se afila, asentándola en una **piedra de asentar**. El asentado deja un filo mucho más fino. Si su hoja no está fuera de escuadra o mellada, no hay necesidad de esmerilarla, sino sólo de asentarla.

Lo mejor es utilizar primero una piedra de dureza mediana y luego una dura, para el asentado final.

Las piedras nuevas deben dejarse una noche sumergidas en aceite, para que se impregnen bien.

Asentar es frotar el bisel de la cuchilla contra la piedra de asentar. Al hacerlo debe vigilar dos cosas o no tendrá buen resultado. Primero, ponga dos gotas de aceite y límpielas con un trapo, para destapar los poros de la piedra. Cuando están muy tapados se limpian con petróleo.

Segundo, ya con la piedra limpia, ponga otra vez aceite y manténgala siempre con bastante aceite mientras asienta.

Luego, coloque la hoja sobre la piedra con el contacto correcto. "Sienta" que el bisel esté en completo contacto con la piedra.

Con la mano derecha se toma el talón de la hoja y, con la izquierda, se apoya la hoja sobre la piedra para mantener la posición correcta.

CEPILLOS

El mejor movimiento es de atrás para adelante, aunque algunos carpinteros hacen "ochos", pero en manos sin experiencia descomponen el bisel. No deje que su hoja se columpie al ir y venir, porque obtendrá un bisel curvo.

Mantenga constante el ángulo de la hoja. Sus manos y antebrazos deben permanecer rígidos. Mantenga el vaivén hasta que se forme un nuevo filo. No sea tacaño con el aceite. Cuando falta, los poros de la piedra se tapan y lo que usted hace es sacarle brillo a su hoja, pero no filo.

Cuando crea que ya está, haga una prueba cortando una viruta. Si se corta fácil y límpiamente es que la hoja ya está afilada con la piedra de asentar mediana.

Al final queda una pequeña rebaba de metal. Para quitarla, coloque la hoja acostada sobre la piedra de asentar, con el lado plano hacia abajo y mueva la hoja una vez, a través de la piedra. Eso quitará la rebaba sin dañar el bisel. Cualquier bisel en el lado plano es indeseable.

Después, asiente la hoja en la piedra dura y pula hasta que se quiten las rayaduras que deja la piedra mediana.

La efectividad del filo depende de la precisión con que usted haya mantenido la hoja mientras frotaba. Para facilitar eso hay unas guías.

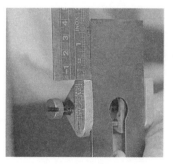

Las guías indican la distancia a la que debe quedar la punta de la hoja, desde la base de la guía, para que se mantenga el bisel correcto.

Una vez colocada la hoja correctamente en la guía, se frota sobre la piedra con un vaivén, hasta que se obtiene el filo.

Uno mismo puede hacer su guía con unas piezas de solera, un tornillo y unas ruedas pequeñas.

Para ajustar el bisel correctamente, sólo se coloca la hoja con el filo apoyado completamente sobre la piedra, y en esa posición se aprieta la prensa de la guía.

LA FAMILIA DE LOS TALADROS

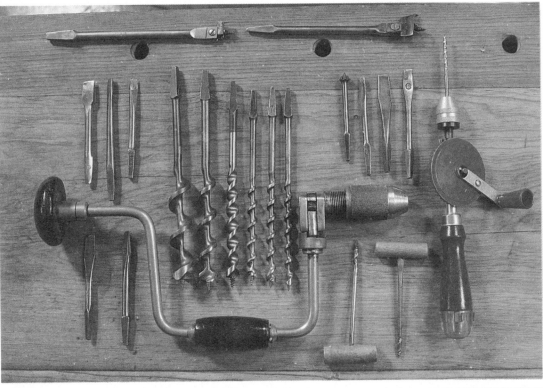

Casi en cualquier trabajo de carpintería se necesita hacer hoyos: para meter tornillos en la madera, unir piezas con taquetes de madera, hacer las cajas de algunos ensambles, por ejemplo.

Las principales herramientas para agujerar son los barrenos, los taladros y los berbiquís.

FAMILIA DE LOS TALADROS

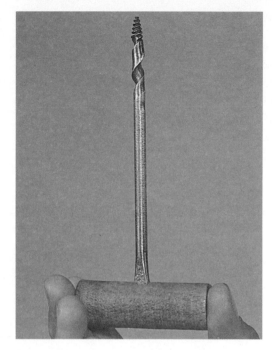

El más simple de todos es el **barreno de mano,** que se usa para hacer agujeros guía para meter tornillos.

Tiene la punta como la espiral de un tornillo, seguido de una especie de concha que corta y quita los desperdicios.

Los barrenos de mano no son instrumentos muy precisos, pero sí muy prácticos cuando se necesita hacer unos pocos hoyos para meter tornillos y no se quiere usar una herramienta más complicada.

Los **barrenos de carpintero** se usan, en cambio, para hacer agujeros muy profundos en la madera, donde las brocas o barrenos del berbiquí resultan insuficientes.

La punta tiene un tornillo y luego estrías en espiral que cortan y desalojan el desperdicio.

Se hacen girar con las dos manos mediante un mango de madera.

Cuando los agujeros que se necesitan son de menos de seis milímetros debe usarse un **taladro de mano**.

Se da vuelta a un disco que hace girar un piñón con un eje.

En el extremo del eje hay un *mandril* que sujeta la broca; se usa principalmente para hacer agujeros que sirvan como guía a los tornillos.

Los taladros de mano emplean brocas para metal que vienen en diámetros de casi un milímetro hasta de seis milímetros.

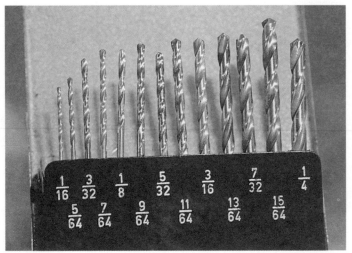

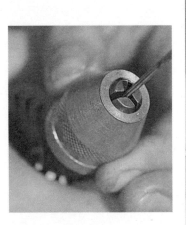

Para cambiar las brocas se gira el mandril hasta que abre sus tres mandíbulas, entre las que se coloca la nueva broca y se gira al revés para que cierre.

Se comienza con la herramienta vertical, con una mano en el mango, con muy poca presión hacia abajo y la otra mano girando la manivela. Cuando la broca ha penetrado, se aumenta la presión y la velocidad de rotación.

Cuando la broca se llena con un poco de madera, se hace girar al revés para que se limpie, no se sobrecaliente y no se doble.

FAMILIA DE LOS TALADROS

Cuando se necesita hacer hoyos de más de seis milímetros se necesita usar un berbiquí, con el cual además pueden hacerse hoyos más profundos que con un taladro de mano.

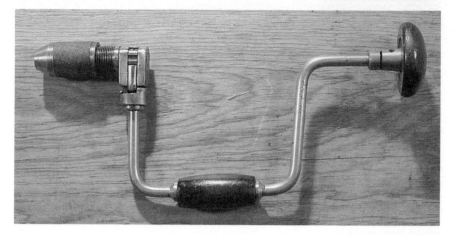

La mayor parte de los berbiquís tiene una rueda dentada ajustable que permite que la manija sólo gire hacia la derecha o hacia la izquierda, lo cual es especialmente útil en lugares estrechos en donde la empuñadura no alcanza a girar completamente.

Para poner la broca se gira el mandril hasta que abre las dos *mordazas* que tiene, en medio de ellas se coloca la broca y cuando esté seguro de que ha entrado, apriete el mandril firmemente con una mano, mientras gira la empuñadura con la otra.

Las **brocas de berbiquí** o **barrenos para madera** tienen la cola cuadrada, con una pequeña inclinación para acoplarse a las mordazas del mandril.

La punta se entierra en la madera, como un tornillo que jala la broca, mientras las uñas la cortan y la estría en espiral saca los desechos.

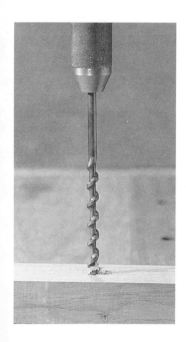

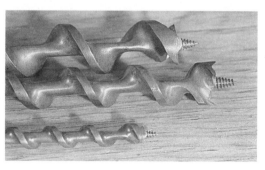

Los de doble hélice son para cuando se necesita producir un hoyo muy limpio. Se fabrican desde seis hasta veinticinco milímetros.

Hay barrenos de una sola hélice o de centro sólido, los cuales son muy útiles para hacer hoyos muy profundos.

BERBIQUÍ

Hay unas brocas de expansión, que producen agujeros todavía más grandes que las brocas normales. Algunas tienen dos navajas ajustables y una escala para ajustar el diámetro del agujero.

Las brocas deben ser tratadas como herramientas muy delicadas, pues su filo se puede perder con un mal trato. Recuerde que una buena broca taladra la madera con muy poco esfuerzo y gran limpieza.

Los berbiquís, además de usarse con las brocas, se usan con una **broca de avellanar** o **avellanador,** el cual ensancha la entrada de los agujeros en forma cónica para que entre el cono de los tornillos de cabeza avellanada.

También es muy útil un tope de profundidad que puede ser simplemente una madera taladrada en toda su profundidad o bien un tope comprado.

O solamente una marca con *masking tape* o cinta para enmascarillar.

Para hacer un agujero con el berbiquí se marca el lugar con una cruz y se hace un agujero con una *lezna* en el sitio exacto donde se cruzan, que sirva como guía para el tornillo de la broca.

En vez de la lezna se puede utilizar una punta centradora que se golpea con un martillo.

Como al utilizar el taladro se usan las dos manos, es necesario que la pieza de madera esté fija en el banco.

Se coloca la punta de la broca en el agujero marcado y se verifica que quede completamente vertical con la ayuda de una escuadra.

El hombro se apoya sobre la cabeza del berbiquí, mientras con la mano se gira la manija, lentamente, hasta que penetre el tornillo y el barreno comience a taladrar.

FAMILIA DE LOS TALADROS

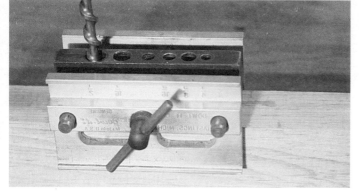

Otra guía es para hacer hoyos en los bordes o cantos de las tablas, principalmente para hacer uniones con taquetes de madera. La abertura de cada guía debe corresponder con el diámetro de la broca.

Cuando se necesita hacer agujeros iguales en piezas semejantes, conviene hacer los hoyos en una pieza que sirva como guía para perforar todas las demás.

Otras veces conviene juntar varias piezas, prensarlas y hacer un solo agujero, como si se tratara de una sola pieza de madera.

Cuando se necesita taladrar en ángulo, primero perfore un agujero del diámetro de la broca en un trozo de madera.

Enseguida, corte el bloque con la inclinación que le proporcione un ángulo correcto. Finalmente coloque el bloque en el sitio donde se deba hacer el agujero, fíjelo allí con una prensa y haga el hoyo.

45

Cuando se hace un hoyo más grande o más chico de lo que se necesita y se quiere corregir, es necesario sellar el hoyo con un taquete de madera del tamaño del hoyo.

Y luego, volver a perforar con el diámetro correcto.

Algunas veces las roscas dañadas pueden arreglarse con una lima muy fina de 10 centímetros, delgada. Pero si están muy dañadas no tienen remedio.

Las uñas se afilan, quitando la menor cantidad posible de material. No lime la parte exterior de las uñas.

Descanse la broca en una mesa y con una lima afile la parte de arriba de las navajas. No lime la parte de abajo de las navajas. Los bordes cortantes no deben ser tocados.

El interior de la espiral puede limpiarse con cordel o una tira de lija fina para metal.

La parte exterior de la espiral se limpia con una hoja de lija de agua.

El avellanador se puede afilar con un poco de aceite y una lima triangular delgada.

Para afilar una barrena de mano haga un hoyo de unos dos centímetros y medio en un trozo de madera dura. Saque el barreno y rellene el hoyo con pasta de esmeril.

Meta el barreno hasta la mitad del hoyo y gírelo hacia adelante y hacia atrás, hasta que el filo cortante quede afilado.

LA FAMILIA DE LOS FORMONES

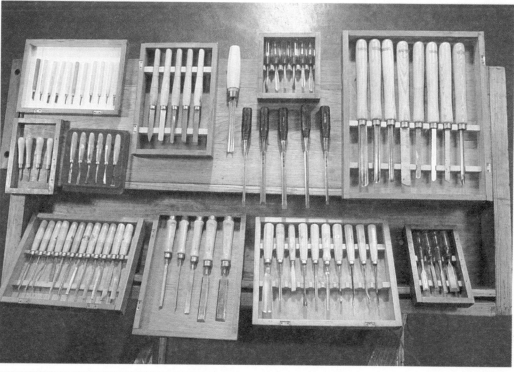

La familia de los formones está
compuesta por los formones, los
escoplos y las gubias. Son
cuchillas que se toman
directamente con las manos para
hacer agujeros de diversas
formas y para labrar la madera
con fines ornamentales.

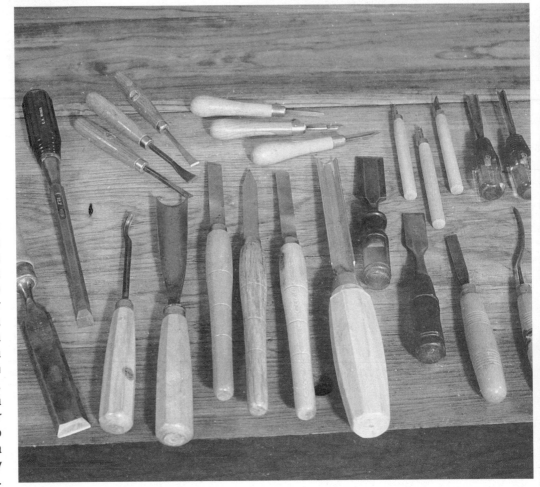

Un **formón** es una cuchilla sobre la que se puede hacer mucha presión, ya sea con la mano o con un mazo. Está formado por un mango de madera muy dura y una hoja.

En la punta de la hoja hay un bisel con un ángulo de 30 grados, aproximadamente, que forma el filo.

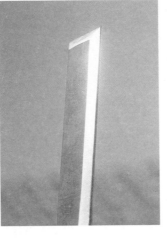

Los formones tienen un bisel lateral, para hacerlos más ligeros cuando se usan sólo con la presión de la mano.

Hay además, unos **formones curvos** utilizados principalmente por los ebanistas para labrar la madera.

FAMILIA DE LOS FORMONES

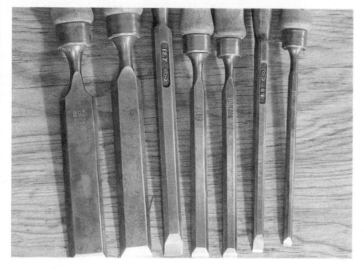

El formón debe ser precisamente del ancho del trabajo que se necesita, por eso hay formones muy angostos, desde tres milímetros, hasta cerca de cuatro centímetros de ancho, pero los más usados son cuatro: de 6, 12, 19 y 25 milímetros. Los formones son herramientas de corte muy afiladas que es indispensable saber manejar correctamente, manteniendo sus manos y el resto de su cuerpo siempre atrás del filo.

En la mayoría de los trabajos se usa una mano para ejercer la presión y la otra para controlar la herramienta. Se toma el mango con la mano derecha, como si se estuviera agarrando un martillo, mientras que con la izquierda se toma la hoja, entre el pulgar y el índice.

El formón se puede usar con el bisel de corte hacia arriba o hacia abajo, dependiendo del trabajo que se haga. El bisel hacia abajo se usa generalmente en cortes gruesos o en áreas abiertas.

En cambio el bisel hacia arriba se usa para cortes muy delgados y para cortes en lugares cerrados.

Siempre que sea posible corte en el sentido del grano. Es mejor hacer varios cortes pequeños que uno grande.

El ángulo entre la herramienta y el trabajo está determinado por el trabajo y la cantidad de material que se quiera quitar.

Mientras más vertical esté la herramienta, más profundo será el corte, independientemente de si el bisel está hacia arriba o hacia abajo. Para hacer un agujero profundo trabaje con el formón casi vertical, perpendicular a la madera.

Para hacer un agujero cambie de ángulo la herramienta. Comience casi vertical y disminuya el ángulo mientras empuja hacia adelante.

Cuando el trabajo sea contra el grano, use el formón desde los cuatro lados.

Use el mazo sólo cuando sea realmente necesario y, entonces, hágalo suavemente. Aprenda a trabajar con fineza, más que con fuerza.

Una serie de hoyos con berbiquí, ligeramente superpuestos, permiten quitar muy fácilmente la madera de una *mortaja*.

Para un corte muy delgado, como una especie de rasurada, sostenga el formón casi tan plano como el trabajo.

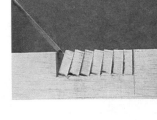

Cuando la mayoría de la madera del agujero se ha sacado, trabaje con el formón casi plano, con el bisel hacia arriba.

No use los formones para hacer cosas que se hacen más fácilmente con el serrucho, el cepillo o el berbiquí.
Por ejemplo, una serie de cortes paralelos con el serrucho permiten que el material se quite fácilmente con el formón.

Ya hecha la cavidad con el berbiquí, se limpia con el formón.

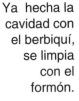

FAMILIA DE LOS FORMONES

Para hacer la *caja o mortaja* de una bisagra, coloque la bisagra firmemente en la posición correcta y trace la forma alrededor con un lápiz duro o con una navaja.

Si utilizó un lápiz duro, repase la línea con una navaja, presionando lo suficiente para que la navaja penetre casi el grosor de la bisagra. Ayúdese con una regla o una escuadra para marcar completamente derecho.

Use el formón en un ángulo bajo, con el bisel hacia abajo, para sacar virutas delgadas y uniformes, sin llegar al borde, para que pueda limpiarlo con unos cuantos cortes verticales.

Otra manera de hacer una mortaja para bisagra es con una serie de cortes verticales que después se limpian.

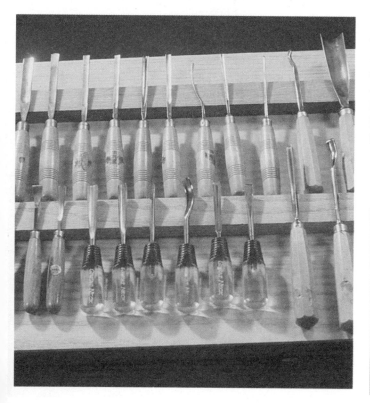

Las **gubias** son formones de sección curva que se utilizan en el labrado de la madera, para hacer dibujos en relieve.

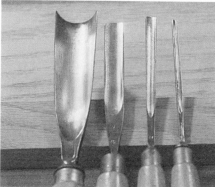

Varían según la amplitud de la curva. Los más cerrados son de 45 grados o un cuarto. Siguen de 90 grados o dos cuartos, 135 grados o tres cuartos y, finalmente, 180 grados o cuatro cuartos.

El formón se trabaja mejor cuando tiene filo como de navaja. Generalmente se afila siempre que va a usarse. Antes de usarlo se toca el borde. Si no se siente como navaja se afila.

Se usa primero una piedra mediana y luego una dura. Se ponen unas gotas de aceite sobre la piedra.

Se asienta el bisel del filo sobre la piedra. Con la mano derecha se toma el mango y con la izquierda se presiona y se guía el formón.

Se hacen tres o cuatro movimientos de vaivén, manteniendo el bisel completamente en contacto con la piedra, sin columpiarlo ni ladearlo.

Ahora, se coloca el formón acostado sobre la piedra, con el bisel hacia arriba para que se le quite una rebaba, apenas visible.

Se toca de nuevo con la yema de los dedos, y si no se siente como navaja, se repite la operación hasta que quede bien. A veces se necesita repetir hasta cinco veces.

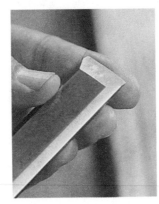

Luego se pasa a la piedra dura con la que se vuelve a repetir la operación. El formón está afilado cuando el corte deja una superficie tersa, suave, completamente lisa, sin astillas.
Si deja marcas en la superficie de la madera necesita volver a afilarse.

Para ayudar a mantener el ángulo correcto mientras se frota el formón en la piedra, hay unas guías que son muy útiles.

Cuando el formón está mellado hay que esmerilarlo antes de sacarle filo en la piedra de asentar. Para ello, primero se quita la melladura y luego se vuelve a formar el bisel. Ajuste la guía del esmeril hasta que quede en una posición completamente horizontal. Coloque el formón con el bisel hacia arriba, perfectamente a escuadra y muévalo con un vaivén de izquierda a derecha hasta que desaparezcan las melladuras.

FAMILIA DE LOS FORMONES

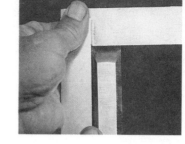

Mientras esmerila sumerja la punta del formón frecuentemente en agua para que no se caliente y el acero no pierda el temple.

Con la escuadra verifique que el filo esté perfectamente a escuadra.

Ajuste la guía del esmeril para que el bisel descanse sobre un ángulo de 30 grados. Un bisel con ese ángulo es de cerca de 6 mm de ancho.

Después de esmerilar un momento examine el formón. Si el bisel es muy angosto, suba un poco la altura a que está colocando el formón. Si el bisel está muy grande, ponga el formón más abajo de la piedra.

Recuerde que debe meterlo con frecuencia en agua para mantenerlo frío.

Continúe así hasta que se forme el bisel completamente. Quite la rebaba que se produce pasando el filo por la punta de un trozo de madera.

Enseguida, pase a sacar filo con la piedra de asentar como se indicó antes, sólo que tiene que frotar hasta que desaparezca la ligera curva que la piedra de asentar deja en el bisel.

LA FAMILIA DE LAS LIMAS

Las limas y las escofinas son hojas de acero con dientes en toda la superficie de sus caras.

Se usan para dar forma a piezas irregulares en las que no se puede emplear el cepillo, para pulir, quitar irregularidades y agrandar agujeros.

FAMILIA DE LAS LIMAS

Las **limas** tienen dientes continuos a lo ancho de la hoja y se usan en carpintería para alisar las superficies burdas y para afilar algunas herramientas. Las **escofinas** tienen dientes individuales y se usan para eliminar rápidamente una cantidad grande de madera que después se pule con una lima o con una lija.

Las limas pueden tener un *picado* simple, en que los dientes están formados por una sola serie de cortes paralelos, sesgados en un ángulo de 75 a 80 grados. El picado sencillo se usa en trabajos de precisión.

O pueden tener un picado doble, cuando los dientes están formados por dos series de cortes cruzados. El picado doble se usa para quitar material.

También hay limas con picado curvo para el limado de metal suave.

Tanto las limas como las escofinas se compran sin mango. Los mangos los venden sueltos. Para meterlos se introduce la punta de la lima en el mango y se golpea contra el banco hasta que queda firme. Nunca use martillos.

La rugosidad o aspereza de la lima la da la separación de sus dientes. Entre menos dientes, más separación, y con dientes más grandes, más ásperos. Entre más dientes, más juntos y menos ásperos. Según la rugosidad las limas se dividen en tres categorías: **bastarda** o **basta**, **muza** y **fina**. El largo de la lima está en relación con su rugosidad. Una lima basta de 40 centímetros es más rugosa que una lima basta de 15 centímetros.

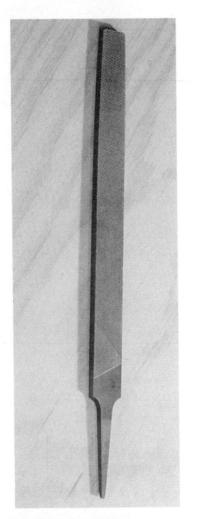

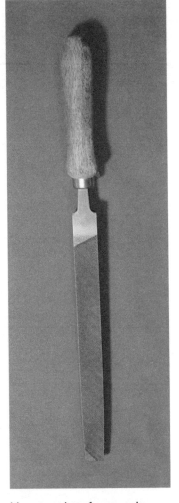

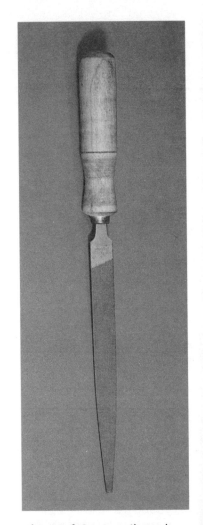

Las limas más útiles para trabajar la madera son las bastardas de 25 centímetros de largo. Las demás son muy útiles para afilar herramientas.

Hay muchas formas de limas. Las más conocidas son: la **carrada**, que tiene igual ancho a todo lo largo de su cuerpo.

La **carleta,** que tiene la punta ligeramente más angosta.

Para muy diversos usos son útiles la **triangular,** la **cuadrada**, la **redonda** o **cola de rata, la media caña** y la **lima para afilar serruchos**.

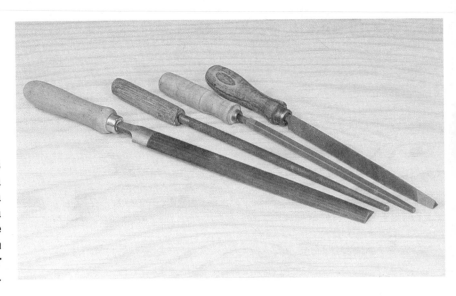

FAMILIA DE LAS LIMAS

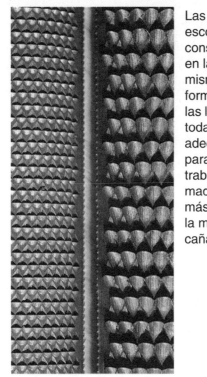

Las escofinas se consiguen en las mismas formas que las limas y todas son adecuadas para el trabajo de la madera. La más útil es la media caña.

Las limas y las escofinas se usan empleando las dos manos, de manera que la madera que se va a trabajar debe estar firmemente sujeta con una prensa.

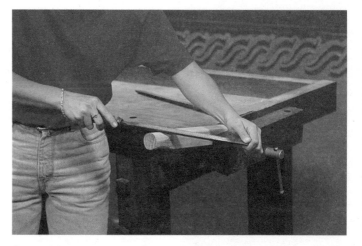

Con ambas manos se hace presión mientras se mueve la herramienta con un vaivén. Nunca se use sin mango y de preferencia utilice guantes.

La lima o la escofina debe mantenerse oblicua o sesgada, para producir un raspado constante, sin presionar mucho, con movimientos siempre a favor de la veta, cuidando que los bordes de la pieza no se astillen.

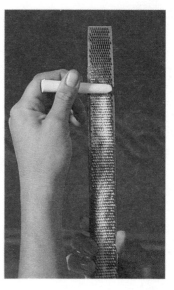

Si se ejerce demasiada presión la herramienta se tapa pronto. Se limpia con un cepillo de alambre suave, agua y detergente. No vuelva a usarla hasta que no esté bien seca.

Cuando se va a trabajar en material resinoso conviene llenarla primero con gis.

La manera en que usted lije hace la diferencia entre el acabado profesional y el del aficionado.

Lijar toma tiempo pero no es difícil. Su propósito es dejar la madera completamente tersa y sin ninguna marca del trabajo con las herramientas.

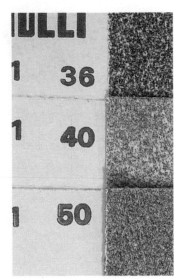

La lija es una herramienta cortante para quitar madera. Hay lija gruesa, que quita más madera y lija más fina que quita menos madera.

Las lijas gruesas, para el lijado inicial de una pieza de madera son de los números 36, 40 y 50.

Las lijas gruesas se fabrican de cristales de óxido de aluminio, mientras que las lijas finas se fabrican de carburo de silicio.

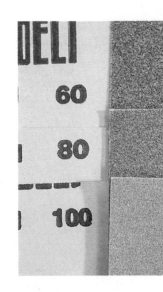

Las lijas medianas, usadas para preparar la madera para el lijado fino, son las de los números 60, 80 y 100.

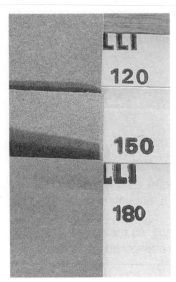

Las lijas finas tienen los números 120, 150 y 180. Son las que se usan antes de la aplicación del tinte o de la primera mano del sellador.

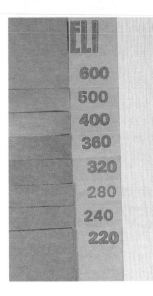

Las lijas muy finas, con los números 220, 240, 280, 320, 360 o 400, se emplean para pulir la pintura, antes de la capa final de acabado.

FAMILIA DE LAS LIMAS

Se lija mejor y la lija dura mucho más cuando tiene un respaldo plano y rígido, como el de un trozo o bloque de madera.

Hace que mayor superficie de la lija esté en contacto con la madera y permite eliminar mejor las irregularidades.

Haga movimientos cortos que le permitan mantener una presión uniforme.

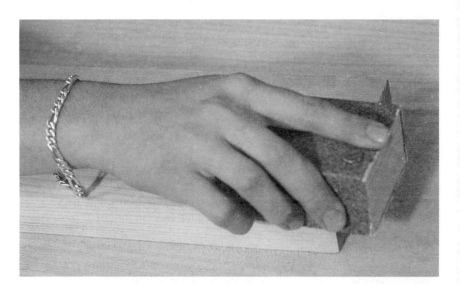

Cuando esté por llegar a los bordes lije cuidadosamente para no redondear las esquinas que deban ir completamente rectas.

Para sostener la lija en el bloque de madera o *taco* pueden usarse unas chinches o tachuelas.

O bien, unas ranuras en las que se meten los extremos del papel de lija y se mantienen en su lugar con unas cuñas.

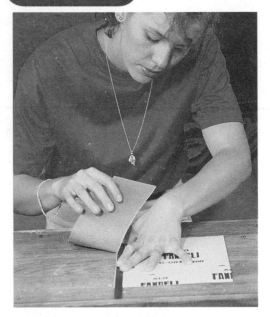

Las hojas de papel de lija se cortan sosteniendo firmemente una segueta mientras usted jala el papel contra el borde serrado.

Para lijar en las superficies redondeadas puede colocar, entre la lija y el bloque de madera, un respaldo de paño o de hule suave que permita que la lija se adapte completamente a la superficie curva.

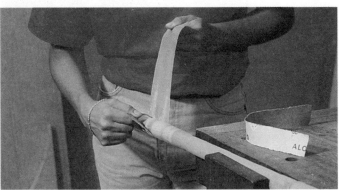

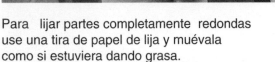

Para lijar partes completamente redondas use una tira de papel de lija y muévala como si estuviera dando grasa.

Para lijar ranuras use un bloque de madera ligeramente más angosto que la ranura, doble alrededor un trozo de lija y sosténgalo con su mano.

Cuando la madera ya esté lista, pulida con una lija fina, pase sobre ella un trapo húmedo, no mojado y deje que se seque la madera.

Enseguida, lije nuevamente y le quedará una superficie particularmente fina.

LA FAMILIA DE LOS MARTILLOS

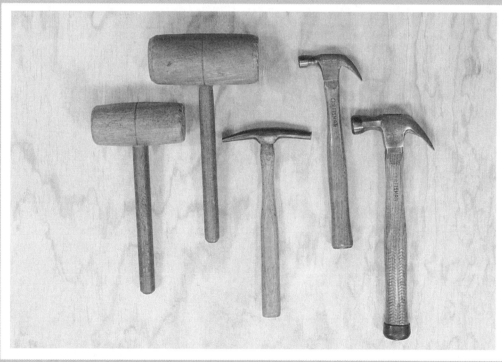

El martillo se usa en
carpintería principalmente
para meter y sacar clavos.
Los hay para muchos usos,
como el martillo de orejas, el
de tapicero, el mazo de
carpintero, el mazo de
ebanista y el mazo redondo.

Los más usados pesan 450 gramos, pero los hay desde 200 hasta 600 gramos. Entre más ligero, más delicado es el golpe que proporciona.

Un buen martillo es fuerte, resistente, durable. Tiene balance y belleza, con una cabeza de acero duro que obliga a trabajar profesional-mente.

El mango, generalmente, es de madera, para absorber bien los golpes, pero los hay también de plástico y de hierro.

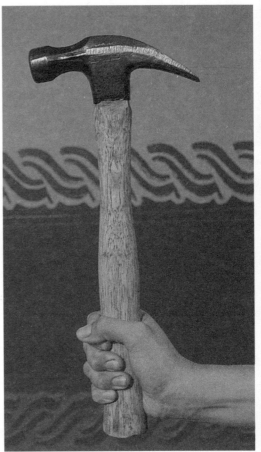

El martillo se toma cerca de la punta del mango, para que tenga el mayor brazo de palanca y por tanto, la mayor fuerza. Se debe agarrar fuerte para que la herramienta no se escape de la mano, pero no tan fuerte que produzca fatiga.

MARTILLOS

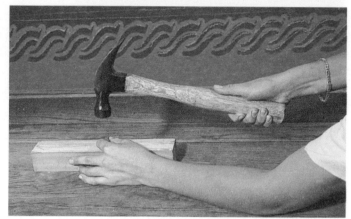

Los dedos deben rodear el mango, aunque cuando se necesita un golpe muy controlado puede extenderse el pulgar sobre la línea del mango.

Esto se hace con frecuencia al comenzar a clavar o cuando se tiene el peligro de que un golpe sobre la madera produzca un daño irreparable.

El golpe puede darse simplemente moviendo la muñeca.

O moviendo el antebrazo. O moviendo todo el brazo, desde el hombro. Todo depende de la fuerza que necesite para meter el clavo.

Un clavo pequeño necesita un movimiento que usted puede hacer con su muñeca.

Mientras que un clavo grande puede necesitar un movimiento cuyo centro sea su hombro.

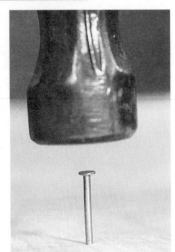

Lo más importante es que el golpe del martillo en el momento de tocar el clavo sea recto, a escuadra, de tal manera que la cara del martillo caiga paralela a la cabeza del clavo.

No agarre el martillo cerca de la cabeza, porque entonces su antebrazo sustituye al mango del martillo y usted tiene que sustituir, con su propia fuerza, la fuerza de un balanceo correcto con el mango del martillo.

Meter un clavo bien no es un concurso para introducirlo con menos golpes. Los clavos deben meterse calmadamente. Así "agarran" mejor. Comience a clavar con golpes suaves, desde una distancia corta.

Conforme el clavo se introduzca en la madera aumente la distancia de su golpe y, consecuentemente, la fuerza del martillazo.

Al comenzar, el clavo se sostiene entre el pulgar y el índice, cerca de la cabeza.

Hay quienes dicen que es mejor dar vuelta a los dedos y apartarlos de la cabeza del clavo, para evitar magullones. Sin embargo, el método más seguro para no acabar con un dedo morado es comenzar clavando con golpes suaves.

MARTILLOS

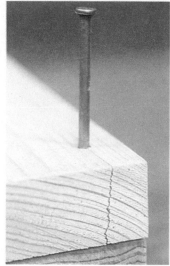

Al penetrar muy rápido, los clavos pueden astillar la madera. Por eso es mejor meterlos lentamente.

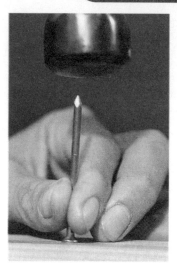

Las puntas chatas astillan menos que las puntas agudas; por eso muchos carpinteros, antes de meter los clavos, les achatan la punta con un golpe ligero.

Sin embargo, aun así pudiera astillarse la madera, particular-mente si se está cerca del borde.

En esos casos lo único que queda es perforar un agujero guía con un taladro y, después, meter el clavo. El agujero debe ser como del 75 % del diámetro del clavo, con una profundidad un poco menor que el clavo.

Otras veces la madera se astilla porque los clavos se ponen en la misma línea de la veta, muy cercanos unos de otros.

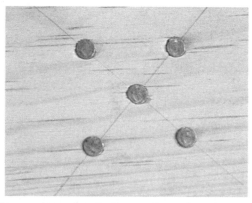

Es mucho más efectivo colocar los clavos escalonados o en zig-zag.

Los clavos que se meten un poco inclinados agarran mejor que los que se meten rectos.

Clavar **en talón** es meter un clavo inclinado para sostener en su lugar una pieza vertical.
Para que no se mueva mientras mete el clavo, se fija del otro lado un trozo de madera que sirva de apoyo.

Cuando la apariencia no es importante, las puntas de los clavos pueden doblarse. Sobre un pequeño trozo de madera se dobla medio centímetro de la punta.

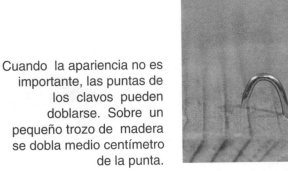

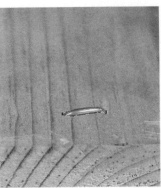

Luego se dobla el resto de la parte saliente del clavo. De esa manera se forma una especie de grapa.

Los clavos doblados a ambos lados de un ensamble hacen una junta muy fuerte.

Cuando la apariencia es importante, los clavos se hunden dentro de la madera con un *botador*. En estos casos se usan clavos de cabeza perdida, que se dejan salidos un milímetro, para evitar que el martillo toque la madera.

Luego, encima del clavo se coloca un botador del mismo diámetro o grueso que el clavo y se golpea hasta que se hunde un milímetro.

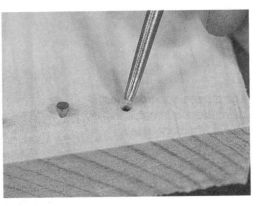

El hoyo que queda se rellena con pasta de madera.

MARTILLOS

Un clavo que se dobla al estar entrando debe quitarse y meterse uno nuevo.

Sacar un clavo es generalmente una operación simple. El martillo se coloca boca arriba con las orejas apuntando lejos de usted y la cabeza del clavo en medio de ellas.

Primero afloje un poco el clavo con ligeros movimientos laterales. Luego hacia atrás, hasta que salga.

Si el clavo es muy largo o es importante que no se dañe la madera, se coloca un trozo de madera bajo la cabeza del martillo.

Si la cabeza del clavo está metida en la madera, coloque las orejas del martillo alrededor de la cabeza y golpee la cabeza del martillo con un mazo, para que las orejas puedan abrazar la cabeza del clavo.

Si la cabeza del clavo se rompe, meta las orejas dentro del cuerpo del clavo y gire hacia un lado y otro, hasta que se forme una muesca en el clavo y pueda jalarse.

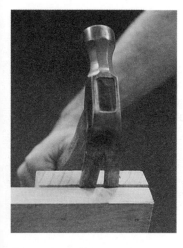

Cuando el clavo está uniendo dos piezas, las orejas del martillo pueden meterse en la ranura de unión y presionar para que se separe la tabla con todo y clavo.

Cuando es necesario sacar muchos clavos se utiliza una *barreta*.

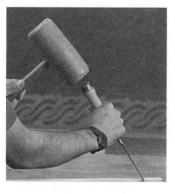

Los **mazos** son martillos de madera que golpean suave, de modo que no dañan las herramientas.

Se usan principalmente para trabajar con formones y gubias y para golpear suavemente las piezas de madera que se unen en los ensambles.

LA FAMILIA DE LOS DESARMADORES

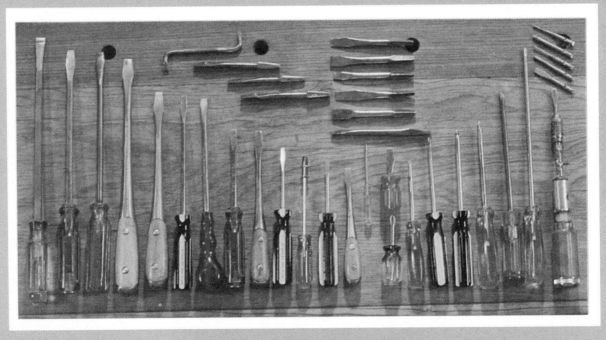

Los desarmadores se usan para poner y quitar tornillos. Hay el desarmador convencional y el desarmador en cruz. Hay también desarmadores especiales con engrane y otros para berbiquí, de varios gruesos. También hay desarmadores en escuadra, para lugares muy estrechos.

DESARMADORES

Los desarmadores son las herramientas más fáciles de usar. Pero si trata de meter un tornillo sin hacer antes el agujero guía o usa el desarmador inadecuado, puede tener una experiencia desagradable. Los agujeros guía se hacen con una broca y un taladro. Deben ser un poco más estrechos y más cortos que el tornillo.

Lo más importante es que el desarmador asiente bien en la ranura del tornillo. Los desarmadores que no asientan bien rompen las ranuras y difícilmente podrá usted sacarlos después, no importa lo fuerte que sea.

Debe haber una correspondencia entre el ancho y el grosor de la ranura y el ancho y el grosor del tornillo. Cuanto más grande sea el tornillo, más grande debe ser el desarmador y, a la inversa, cuanto más chico sea el tornillo más pequeño debe ser el desarmador. Cuanto más largos son los desarmadores, más ancha y más gruesa es la punta.

Cuando el desarmador es demasiado ancho sobresale de la cabeza del tornillo y puede maltratar la madera.

Cuando es demasiado estrecho se produce una fuerza excesiva en un punto de la ranura y la rompe.

Si es demasiado delgado, queda flojo en la ranura, resbala, no se puede meter fácilmente y se puede dañar la ranura.

En cambio, si es demasiado grueso no entra en la ranura. Por eso es que la punta del desarmador debe penetrar ajustadamente y con precisión en la ranura del tornillo.

Antes de meter un tornillo debe hacerse un agujero guía en la madera, un poco más angosto que el grueso del tornillo, aproximadamente del 75 % del diámetro del tornillo.

Se mete la punta del tornillo en el agujero guía, completamente vertical.

Se coloca la punta del desarmador en la ranura y se gira en el sentido de las manecillas del reloj. Es un error aplicar mucha fuerza, pues los tornillos se meten solos en la madera, con sólo dar vuelta. La presión hacia abajo se necesita principalmente para mantener la punta del desarmador en la ranura. Al comienzo se mueve suavemente, para mantener vertical el tornillo, deteniendo la cabeza del tornillo y el extremo del desarmador, con la punta de sus dedos.

Cuando esté seguro de que el tornillo ha penetrado correctamente, gire más rápido, al tiempo que sus dedos continúan deteniendo la punta del desarmador, lo cual le sirve como guía para que el tornillo no se salga de la ranura.

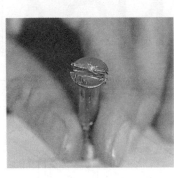

Si al estar metiendo el tornillo se lastima la ranura, es mejor sacar ese tornillo en ese momento y meter otro nuevo, porque si lo sigue introduciendo se puede lastimar más la ranura, con lo que se hace más difícil meterlo, y mucho más difícil sacarlo.

Hay varias clases de tornillos. Los más usados en carpintería son los llamados **tornillos para madera**, los cuales tienen una estría o costilla en espiral que termina en punta, de modo que al girar se van metiendo en la madera.

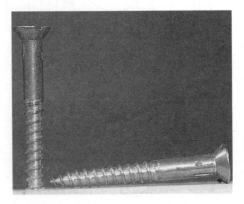

La cabeza del tornillo puede ser *plana* o *de gota*. La ranura puede ser *recta* o en *cruz*.

También se usan los **tornillos con tuerca**, colocando en los extremos una *arandela* o *rondana*. Los hay de cabeza esférica, con o sin ranura, de cabeza cuadrada y de cabeza hexagonal.

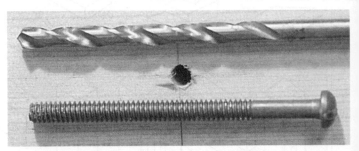

Los tornillos con tuerca necesitan un agujero guía exactamente del mismo diámetro que el tornillo. Para apretarlos bien es necesario usar una llave de tuercas del tamaño exacto de la tuerca o bien un **perico**, el cual es una llave que puede ajustarse al tamaño preciso de cada tuerca. Generalmente se necesitan dos llaves, una en la cabeza y otra en la tuerca, para poder hacer presión.

Con el uso y sobre todo con el mal uso, la punta de los desarmadores puede mellarse, redondearse y afilarse. Para volverlos a su condición correcta se esmerilan.

Primero, se ponen a escuadra, colocándolos completamente horizontales contra el esmeril.

Enseguida, se les devuelve el bisel esmerilándolos contra los lados de la piedra de esmeril. Recuerde meter la punta en agua para que no se caliente y el metal no pierda el temple.

ENSAMBLES

La carpintería es el oficio y el arte de cortar la madera,
pulirla y ensamblarla para hacer muebles. Ensamblar es
juntar o unir piezas de madera. De los ensambles, es decir,
de la manera en que estén unidas las piezas, depende en
gran parte la resistencia y belleza de los objetos de madera.
Hay muchas formas de juntar o unir maderas. Unas son
más resistentes que otras, unas más bellas, algunas más
difíciles.

Al hacer los ensambles la precisión es lo más importante.
Incluso una junta a tope, que es la más sencilla, debe tener
los bordes perfectos para que quede bien. Una espiga,
apenas un milímetro más delgada, quedará enteramente
floja. No debe confiarse en los pegamentos ni en los
rellenos, ni tampoco deben forzarse las piezas.

Las juntas a tope son las más simples. Sólo se topa o pone una pieza contra la otra y se fija con pegamento, clavos, tornillos, taquetes o láminas. Son, también, las juntas menos resistentes y con apariencia menos fina. Estas juntas se pueden hacer en forma de "L", en las esquinas. Cuando se fijan con clavos, quedan más resistentes si los clavos se fijan en diagonal.

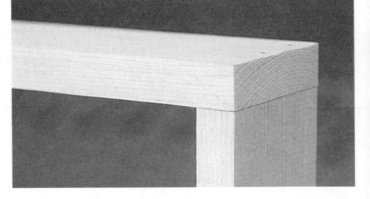

Pueden reforzarse con un *taco* o bloque de madera triangular, con lo que quedan mejor acabadas.

También pueden usarse *tacos* o piezas de madera rectangulares, con las que quedan más resistentes. Los tacos también pueden colocarse por el exterior de las uniones.

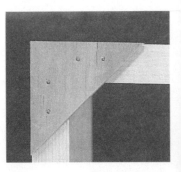

También pueden reforzarse con escuadras planas de metal que se colocan en la parte superior de la unión. Hay escuadras en esquina, que pueden colocarse por el interior de la unión.

En vez de escuadras de metal pueden emplearse escuadras de triplay o madera contrachapada delgadas, que se fijan con pegamento y clavos.

Una manera de hacer las uniones a tope muy resistentes es colocándoles taquetes de madera.

Los taquetes se hacen con bastones o tiras circulares de madera, que se producen en diámetros de 6 a 25 milímetros y que se venden en las grandes madererías.

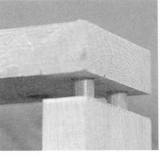

El orificio para meter el taquete se hace con una broca del mismo diámetro que el taquete. Las dos piezas se colocan tal como van a quedar y al mismo tiempo se hace el orificio en las dos piezas.

ENSAMBLES

Sin embargo, la mejor manera de hacer los agujeros es con una guía.

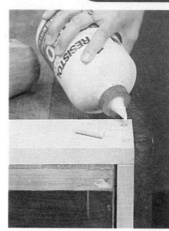

Se pone pegamento blanco para madera en la punta del taquete y en la entrada de los orificios y con un mazo se mete el taquete.

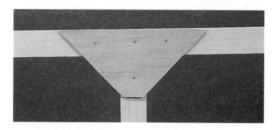

También pueden hacerse ensambles a tope en "T", reforzados con tornillos...

...reforzados con clavos rectos...

...reforzados con clavos de talón...

...reforzados con esquinas metálicas...

...o esquinas de triplay.

Y también reforzados con tacos triangulares...

...con tacos cuadrados de madera...

...o reforzados con taquetes.

En las **juntas a tope en inglete** los lados que se juntan tienen un ángulo, generalmente, de 45 grados, que al unirse forman un ángulo de 90 grados.

En las juntas a inglete, las dos piezas se cortan en el mismo ángulo en la caja de ingletes, con un serrucho de costilla. La pieza de la izquierda se corta con la guía colocada a 45 grados, a la izquierda.

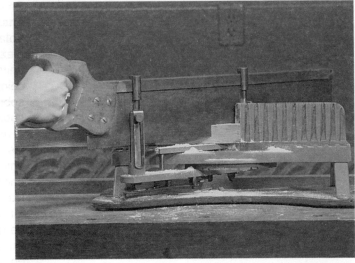

Mientras que la pieza derecha se corta con la caja de ingletes girada a 45 grados a la derecha.

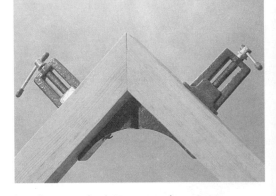

Las juntas a inglete generalmente van clavadas o engomadas y clavadas. Cuando se engoma es mejor colocar las piezas con pegamento en una **prensa de inglete** o **prensa de esquina,** donde después se clavan.

La **junta a inglete emplumado** se hace cuando la apariencia del ensamble es importante. Se realiza un corte en las dos piezas, sobre el canto de la unión.

En la ranura se mete un triángulo de chapa o "pluma" con un pegamento. Ya que la pluma secó, se lija la esquina.

ENSAMBLES

En los **ensambles a solapa** las piezas que van a unirse se colocan una sobre otra. Se sobreponen. En el más simple, las piezas únicamente se enciman y se fijan con clavos, tornillos o pegamento. Pueden hacerse en "L", en "T" o en cruz.

Pero generalmente una de las piezas, o ambas, se introducen o embonan en una muesca o corte en "U", que se hace en la otra. El ensamble a solapa es mucho más fuerte que el ensamble a tope. Se refuerza con pegamento o con pegamento y clavos o tornillos.

El ensamble a solapa puede hacerse a *madera completa*, cuando una de las piezas se introduce completamente en una muesca o corte en "U", que se hace en la otra pieza, o a *media madera*, cuando las dos piezas llevan una muesca hasta la mitad de su grosor o espesor.

La muesca se hace colocando las dos tablas, una sobre la otra, en su posición, para marcar el ancho de la muesca con una navaja o un lápiz.

La profundidad del corte se marca con el gramil.

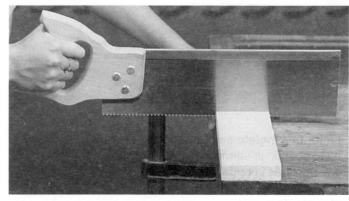

Luego, se cortan los bordes con un serrucho de costilla.

Enseguida se hacen una serie de cortes paralelos con el serrucho.

Se limpia la muesca con un formón, eliminando el material desde ambos lados hacia el centro, con la herramienta ligeramente hacia arriba.

Para hacer el ensamble de solapa *a media madera* se marcan las dos piezas, pero una es cortada en la parte de arriba de la línea de corte.

Mientras que la otra pieza es cortada hacia la parte de abajo de la línea de corte.

Al hacer la muesca de un ensamble *a media madera en "L"*, primero se corta cada mitad con el serrucho de costilla y luego se corta el borde.

Estos ensambles a solapa pueden hacerse *enrasados*, es decir, que la unión quede con la misma altura que las piezas. O se pueden hacer *no enrasados*, donde una de las piezas sobresale un poco de la otra.

ENSAMBLES

En los **ensambles de ranura**, en una de las piezas se hace una ranura o canal estrecho, para que en ella penetre y descanse la otra pieza.

Estos ensambles pueden hacerse en "L" o en "T". Son comunes en los estantes, trasteros y libreros.

En algunos casos, en la pieza que se introduce se hace una *lengüeta* o *rebaje*.

La ranura se hace con un serrucho de costilla. O con un cepillo ranurador.

O bien, con un **router**.

El **ensamble de borde con borde** se usa para formar tableros grandes a base de la unión de varias tablas por sus cantos o bordes. En su forma más simple es un ensamble a tope.

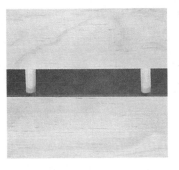

Aunque se puede reforzar con taquetes.

O reforzar con una ranura y una lengüeta.

O también *machihembrado*.

Para hacer el ensamble de borde con borde, primero se presentan las tablas que van a unirse, con el grano en el mismo sentido y en la posición en que mejor case el dibujo de la veta.

Para evitar que el ensamble se tuerza, se debe poner una tabla con la curvatura del grano al derecho y otra al revés. La curvatura del grano se ve en la punta de la tabla.

Ya presentadas se hacen unas marcas para saber después cuál tabla va con cuál y la posición exacta en que deben unirse.

ENSAMBLES

Ahora tome las dos primeras tablas, colóquelas a lo largo y cepíllelas juntas con la garlopa. Si quedan ligeramente fuera de escuadra no importa mucho, porque esa diferencia se compensará, pues una de las tablas irá al revés. Haga igual con las otras juntas.

Enseguida, coloque boca arriba dos sargentos paralelos, sostenidos en un par de tablas con unas muescas.

Ahora coloque las tablas sobre los sargentos, en el orden adecuado y ponga pegamento en ambos bordes de la primera unión. Junte esas tablas donde deben juntarse.

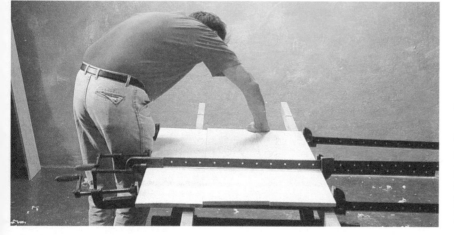

Luego engome los siguientes pares y únalos. Finalmente, se coloca un sargento arriba y se aprietan los tres, poco a poco, para que presionen las tablas sin sacarlas de lugar. Así se dejan 24 horas.

Los **ensambles de caja y espiga** o **mortaja y espiga** son los más comunes en carpintería. Son muy resistentes y de buena apariencia. Parecen más difíciles de lo que son.

La **caja** o **mortaja** es un hoyo cortado en una de las piezas en el que entra la otra pieza con la espiga.

El grosor de la caja y el de la espiga deben ser entre un tercio y una mitad del grosor de la madera.

La caja puede ser *al través*, cuando el hoyo atraviesa la tabla.

O *ciego,* cuando el hoyo no la atraviesa.

La espiga debe ser un poco más corta que la caja y con los bordes de la punta ligeramente *achaflanados* o *matados.*

La espiga puede tener dos, tres o cuatro bordes.

Para hacer la mortaja del modo más fácil, marque la línea del centro y luego, con el gramil, las líneas de los bordes.

Marque las líneas de los extremos con una escuadra.

Con una navaja haga una incisión en el borde de la caja.

ENSAMBLES

Con una broca del ancho exacto de la caja o mortaja, perfore unos hoyos superpuestos, a lo largo de la línea del centro.

Para controlar la profundidad de la caja, si es que va a ser ciega, use un tope en la broca.

Para limpiar la madera sobrante use un formón.

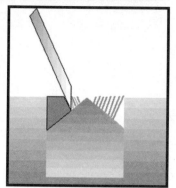

Otra manera de hacer la caja es sólo con un formón del ancho exacto de la mortaja. Comience por sacar la madera de los lados hacia el centro.

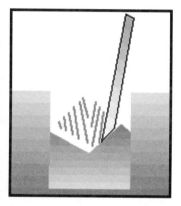

Después, hágalo del centro a los lados.

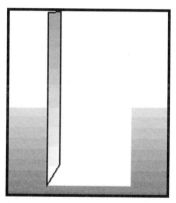

Finalmente, limpie los costados con el formón colocado verticalmente.

Para cortar una espiga marque las líneas de los *cachetes* con un gramil.

Y con una escuadra trace las líneas de los bordes.

Comience por cortar los cachetes, primero con el serrucho en ángulo.

Para terminar con un corte enteramente al través, asegúrese de que el corte del serrucho sea por el lado de afuera de la línea, o la espiga quedará muy angosta.

Mantenga la pieza plana y corte los bordes. Para controlar la profundidad del corte puede usarse un tope de madera.

Las puntas del final de la tabla se llaman **dientes**. Los espacios entre ellas se llaman **bocas.**

Las colas generalmente son más anchas que los dientes, pero no deben ser más de cuatro veces más anchas, porque la presión puede romper los dientes.

La **junta de cola de milano múltiple** o **cola de pato** se considera que demuestra la calidad del carpintero. Para hacerla se requiere tiempo y gran cuidado.

Como es una junta que aguanta muy bien la tensión, es decir, los jalones, se emplea mucho como ensamble en el frente de los cajones.

Las salientes en la cara de la tabla se llaman **colas**. Los espacios entre las colas también se llaman **bocas.**

Primero se marcan las líneas de los bordes, usando como guía el grosor de las piezas a unir.

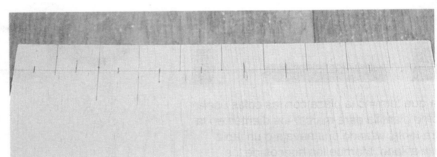

Luego, la tabla se divide en tantas partes iguales como colas de milano se quieran. La línea divisoria de cada espacio es la línea central de cada diente. Cuente los dos medios dientes de cada lado como uno.

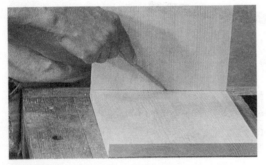

Ahora se marca cada diente a cada lado del centro de la línea. Para marcar los ángulos se usa una falsa escuadra con un ángulo de 80 grados, o bien, una plantilla con ese ángulo.

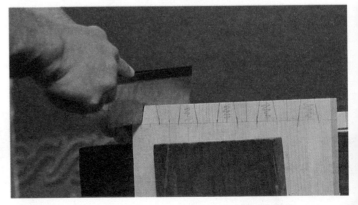

Con un serrucho para ensambles, corte los lados de las colas a la profundidad correcta, sobre el borde exterior de la línea, es decir, en el borde interior de los dientes.

ENSAMBLES

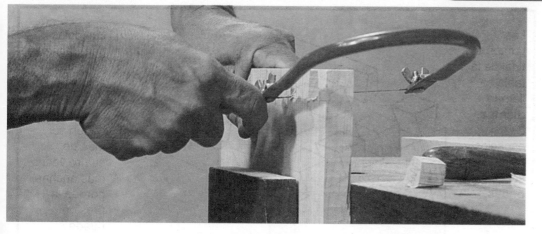

Enseguida con una sierra caladora quite la parte de la madera que deba salir, es decir, aquella que corresponde a los dientes, la que tiene la línea en medio. Luego, con un formón delgado empareje el hueco de la cola que aserró con la sierra caladora.

Ya que terminó la pieza con las colas úsela como plantilla para marcar los dientes en la otra tabla, usando una navaja o un lápiz muy afilado. Marque los huecos de los dientes, que es aquella parte de la madera que deberá quitar.

Ahora, con un serrucho de ensambles, corte los dientes o espigas.

Con un formón quite las partes que deben salir, es decir la madera de las bocas.

Ponga un poco de pegamento en los lados de los dientes y ensamble las dos piezas con la ayuda de un mazo o un martillo y un trozo de madera.

MANUAL DE CARPINTERÍA I

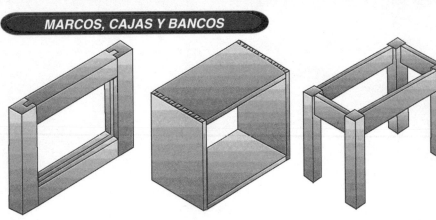

El marco, la caja y el banco son las tres estructuras básicas con las que están hechos casi todos los muebles. Todas llevan alguna forma de ensamble, que a la vez que unen las piezas, les dan rigidez y permiten el libre movimiento de la madera cuando se hincha o encoge con los cambios de humedad.

La alacena tiene como base un banco de cuatro patas que sostiene una caja con puertas, sobre la que se apoya otra caja con tablas y repisas, abierta al frente y cerrada por atrás.

Las partes de atrás o respaldos de los muebles, además de cubrir, tienen la función de dar rigidez y evitar la distorsión de la caja o armazón, para que los cajones y las puertas abran y cierren sin dificultad.

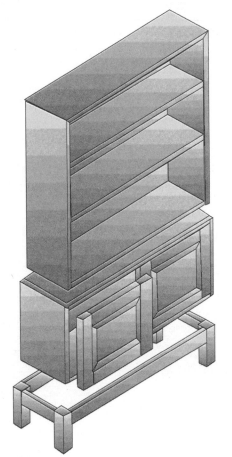

La rigidez de los respaldos se logra de diversas maneras. Las más comunes son colocando tiras de madera a los lados, como columnas; con las tiras de madera al centro; con las tiras en un travesaño inferior; con las tiras en forma de "T"; con las tiras en forma de "H".

Un cajonero y cómoda generalmente está compuesto de una serie de marcos que constituyen una armazón, cubierta con madera contrachapada delgada. Otra serie de marcos interiores sirven para que se deslicen los cajones.

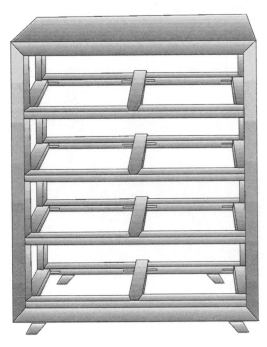

ENSAMBLES

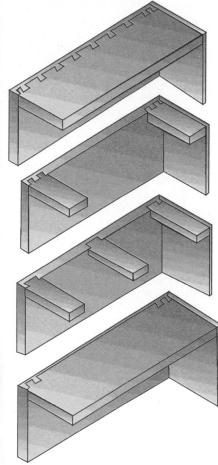

La armazón puede estar hecha con cajas o marcos, o bien con una combinación de los dos. La armazón más tradicional es de madera sólida con ensambles de cola de milano que impiden la separación de las piezas.

En vez de una sola pieza, la armazón puede estar hecha con otras dos tiras de madera, una al frente y otra atrás, unidas con el ensamble de cola de milano.

Asimismo, puede hacerse con tres travesaños más delgados y con un ensamble de cola de milano simple, en vez de múltiple.

O también puede ir una parte fijada con ensamble de cola de milano y otra con tornillos.

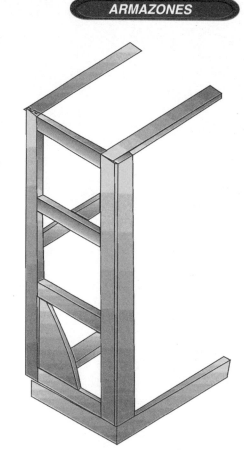

Una armazón para ropero o cristalero puede hacerse con dos marcos, uno al frente y otro atrás, con ensamble de cola de milano, unidos lateralmente con ensamble de mortaja y espiga y una pieza o pilar al frente, para darle rigidez, unido a tope, con o sin lengüeta.

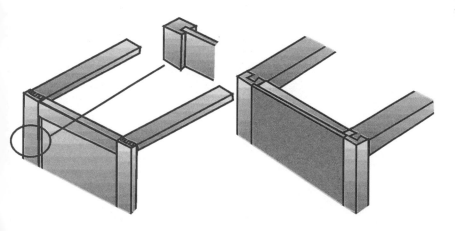
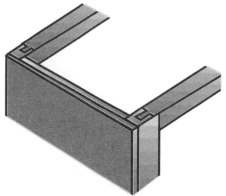

Las tapas o cubiertas del armazón, generalmente de madera contrachapada delgada, pueden ir metidas dentro de una ranura interior del marco.

O metidas en un rebaje del marco.

O simplemente sobrepuestas sobre el marco.

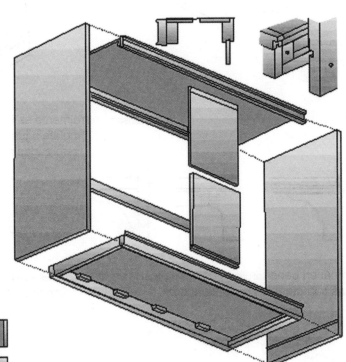

Cuando las armazones se hacen de madera terciada o de aglomerado, entonces los métodos de unión tienen que ser principalmente a base de ranuras poco profundas o a tope, reforzadas con tacos.

Los topes o bordes de madera terciada o aglomerados se terminan con una tira de chapa, con una tira delgada de madera colocada a tope o con un ensamble de ranura.

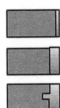

ENSAMBLES

Cuando la tapa del mueble es parte de la armazón y no un miembro separado, deben usarse ensambles como: ensamble de taquete; inglete con lengüeta; ranura a madera completa; rebaje y ranura horizontal; rebaje y ranura vertical; cola de milano y ensamble de dedos.

Si las tapas no llevan ensamble se deben unir a la armazón por abajo, con un tornillo que penetra en un pequeño nicho.

O con una escuadra de metal.

O con botones de madera que entran en una ranura.

Las bases generalmente se hacen con juntas a inglete o juntas a tope reforzadas con tacos.

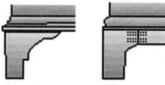

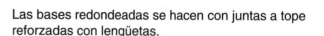

Las patas se hacen generalmente con dos piezas unidas a inglete, unidas con taquetes o unidas a tope.

Las bases redondeadas se hacen con juntas a tope reforzadas con lengüetas.

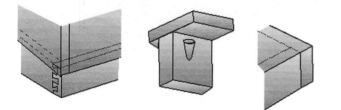

Si las bases son hundidas pueden ir en cola de milano o a tope, con o sin tornillo.

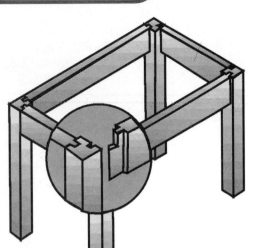

Para unir las patas de la mesa al marco que las sostiene se usa principalmente el ensamble de espiga y mortaja.

La espiga se hace sobre los travesaños, que deben ser anchos, mientras que las mortajas se hacen en las patas, que deben ser gruesas.

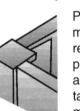

Para mayor resistencia pueden agregarse tacos de madera.

El ensamble de taquete se puede emplear en mesas pequeñas y ligeras.

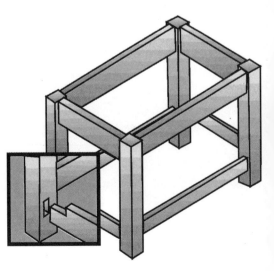

Cuando las patas son redondas debe hacerse un rebaje recto en la mortaja o bien una espiga redondeada.

La placa metálica para mesa es un aditamento muy útil que une y refuerza los travesaños con tornillos para madera y la pata con una tuerca y un tornillo.

Los travesaños interiores agregan fuerza y rigidez a todo el marco. Son más delgados y más estrechos, y se ensamblan a las patas de la misma manera.

ENSAMBLES

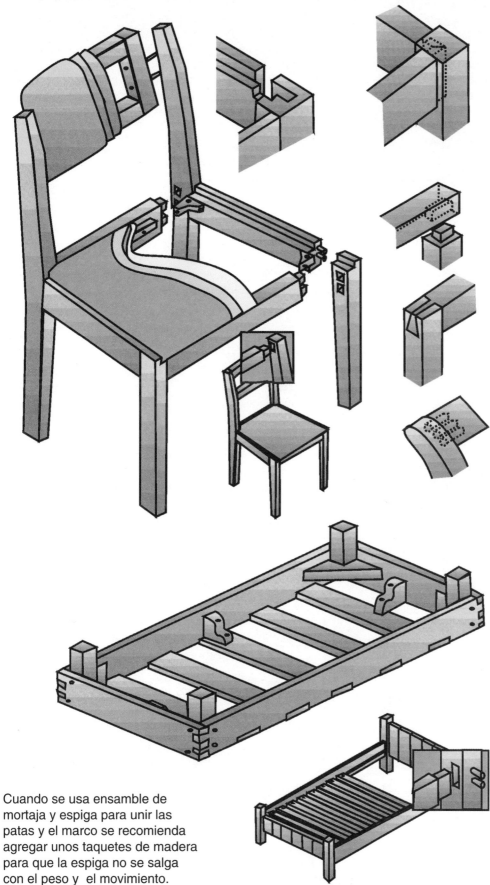

Al hacer las sillas primero se hacen los marcos traseros y delanteros. Luego, se unen con los travesaños de los lados.

Para las sillas generalmente se usan ensambles de espiga y mortaja, aunque en el respaldo pueden emplearse ensambles de taquete.

El marco del asiento puede reforzarse con tacos o trozos de madera atornillados.

Las camas generalmente son una cajas que sirven como marco, al que se fijan las patas por el interior.

El soporte del colchón descansa sobre la caja, ya sea directamente, con ensambles de solapa a madera completa, o sobre una tira lateral, en la que se atornillan.

Cuando se usa ensamble de mortaja y espiga para unir las patas y el marco se recomienda agregar unos taquetes de madera para que la espiga no se salga con el peso y el movimiento.

Los cajones tienen un frente siempre visible, generalmente de la misma madera y con el mismo acabado que el resto de los muebles.

Los costados del cajón se ensamblan al frente, de tal manera que el ensamble resista los jalones sin desprenderse al abrir y cerrar constantemente el cajón.

La pieza trasera del cajón va ensamblada a los costados.

La pieza del fondo puede ser de madera maciza, pero generalmente es de madera contrachapada delgada.

El ensamble de cola de milano es el más comúnmente usado en los cajones.

Una manera más simple de construir los cajones es con el frente unido a los laterales mediante un ensamble de ranura a media madera, reforzado con pequeños clavos sin cabeza.

En tanto que la parte trasera va dentro de una ranura de madera completa, al igual que el fondo.

Cuando los cajones tienen el frente volado o sobresalido se une a los laterales con un ensamble de ranura a media cola de milano, al igual que la parte trasera.

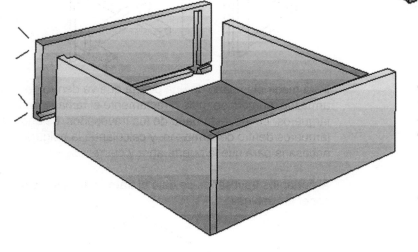

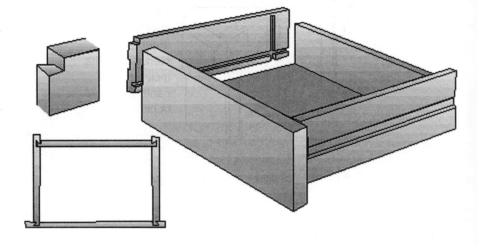

ENSAMBLES

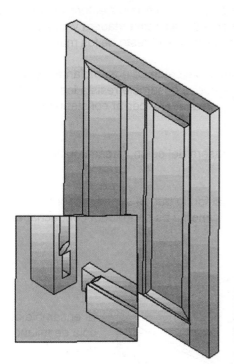

Las puertas se construyen con un marco hecho a base de ensambles de espiga y mortaja.

Las puertas del tablero llevan una tabla o tablero detenido en una ranura del interior del marco o, en vez de ranura, sostenido por molduras.

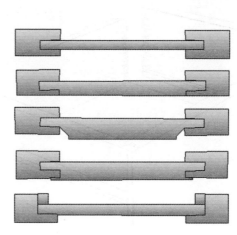

El tablero puede ser sólo una tabla metida en la ranura a madera completa, a tope sobre un lado o ser un panel labrado, o un panel resaltado sobre el marco, o ir dentro de un rebaje, sostenido por una moldura.

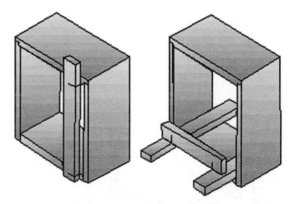

Para medir el tamaño de una puerta que va dentro de una armazón, primero se mide directamente el tamaño de los largueros. Luego, el tamaño de los travesaños, dejando los largueros dentro del armazón, y calculando la holgura necesaria para que la puerta abra y cierre.

Al cortar los travesaños se deja el tramo necesario para hacer las espigas.

Las puertas de tambor están hechas con un marco reforzado y dos hojas de madera contrachapada que lo cubren a cada lado.

Para que la puerta de un mueble cierre bien, se cepilla inclinando el canto que lleva la bisagra.

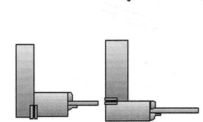

La bisagra puede ir dentro de la armazón o fuera de ella, según la puerta.

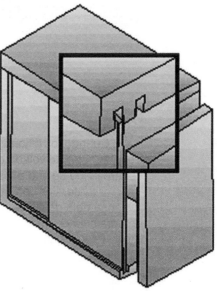

La puerta corrediza se mueve dentro de una ranura labrada en la caja o hecha con molduras delgadas.

SIERRA CIRCULAR DE MANO

La sierra circular de mano, es una sierra eléctrica portátil, que se puede llevar a donde está el trabajo, igual que un serrucho.

SIERRA CIRCULAR DE MANO

La sierra circular de mano es una sierra excelente, que ahorra mucho esfuerzo y hace el trabajo mucho más rápido que un serrucho. En lugar de serruchar y serruchar, el esfuerzo se limita a sostener y guiar la sierra.

Con algunas guías, que uno mismo puede hacer o improvisar, se convierte en una sierra muy precisa.

Pero además, muy fácilmente se puede transformar en una sierra de banco.

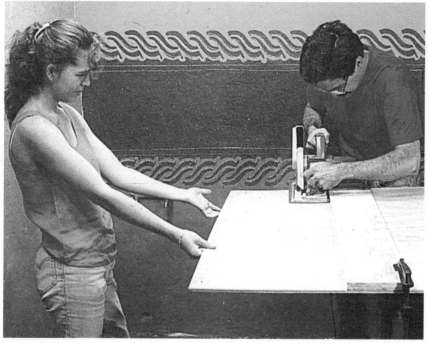

Aun cuando se tenga una sierra de banco, la sierra circular de mano es la mejor herramienta para cortar las grandes hojas de triplay, que son muy difíciles de manejar.

Las hojas de la sierra pueden cambiarse para diferentes usos y tipos de corte. Pueden incluso cortar metal y concreto.

Las sierras circulares se fabrican en varios tamaños, según el diámetro de la hoja que empleen. Van de 5 a 10 pulgadas, o sea de 12.5 a 25 cm.

Entre más grande es la hoja, más profundo es el corte que pueden hacer y generalmente, más potente su motor.

Las sierras grandes de 10 pulgadas, son herramientas pesadas, que no se recomiendan para un trabajo continuo. Las pequeñas no pueden hacer cortes muy profundos, pero son muy ligeras y cómodas. Las pequeñas sierras circulares que operan con un taladro no sirven para un buen trabajo. Es mejor gastar en una herramienta precisa.

Aparte de la profundidad del corte, lo más importante de una sierra circular de mano es el peso. Escoja la que pueda manejar con soltura, sin gran esfuerzo.

Todas las sierras circulares tienen un protector de la hoja, que sube cuando se usa, dejando libre la sierra.

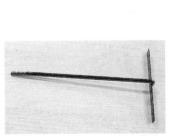

Generalmente vienen con una guía para cortar al hilo.

Se puede regular la profundidad del corte.

Y la hoja se puede inclinar.

SIERRA CIRCULAR DE MANO

Es una herramienta muy útil y segura, pero debe usarse con mucho cuidado. Recuerde que es una herramienta que corta un brazo más fácilmente que una tabla de 5 por 5 centímetros. Siempre que la ajuste o cambie de hoja, desconecte la corriente.

Cuando la conecte a la corriente asegúrese antes de que el interruptor de la manija está en apagado. Cuando la sierra se encienda, la hoja no debe estar tocando nada. Debe girar unos segundos antes de comenzar a cortar.

Lo más peligroso es el golpe hacia atrás que hace la sierra cuando se usa mal y la hoja se atora de repente. Ése es un peligro constante. Por eso, mientras trabaja la sierra, concéntrese en ella. No desprenda la vista de la hoja. No vea para otro lado hasta que la sierra se haya apagado y la hoja detenido.

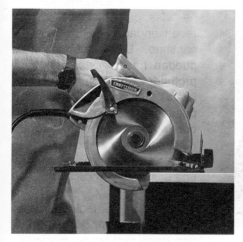

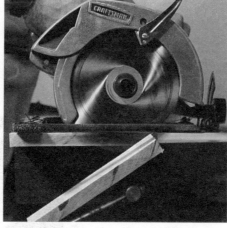

Use la sierra con confianza, pero con mucha precaución. Sosténgala con las dos manos, si es posible. No se coloque completamente atrás de la sierra, sino ligeramente a un lado.

Termine los cortes con un movimiento suave y apague la sierra. Asegúrese de que la guarda ha regresado a su lugar antes de poner la sierra sobre el banco.

No apoye completamente la sierra sobre la tabla que corta, a menos de que la tabla tenga apoyo suficiente.

Nunca use ropa suelta.

Nunca use una sierra cuando la guarda protectora no ande bien. Debe arreglarse de inmediato.

No fuerce el motor. Puede dañarse. Si se detiene la hoja y el motor se calienta, quite la hoja y deje que el motor trabaje sin carga uno o dos minutos, para que se enfríe.

Antes de comenzar es importante sostener bien lo que se va a cortar, de preferencia con una prensa, para tener sus dos manos libres para sostener la sierra.

Asegúrese de que no estorbe nada por abajo de la línea de corte, que esté completamente libre y que la sierra no choque con el banco de trabajo ni contra ningún objeto.

La hoja de la sierra debe salir medio centímetro abajo de la tabla. El ajuste de la profundidad debe hacerse antes de cortar.

Para cortar a mano libre, la sierra se guía con la vista, a lo largo de las líneas marcadas para el corte.

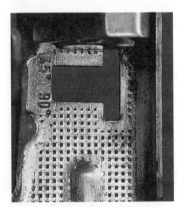

La mayoría de las sierras tienen una muesca en el frente, que indica el punto exacto en que corta la sierra y que puede ser usada como guía.

Para ayudarse a cortar al hilo la sierra tiene una guía. Sin embargo, la guía tiene una superficie de apoyo muy pequeña, por lo que la sierra puede girar ligeramente y hacer un corte imperfecto.

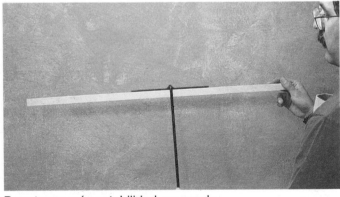

Para tener más estabilidad se puede fijar a la guía una tabla más larga.

Al tener mayor apoyo, el corte al hilo se hace mucho más preciso.

SIERRA CIRCULAR DE MANO

Sin embargo, para tener cortes verdaderamente precisos con la sierra circular de mano, deben utilizarse reglas como guías para irse derecho. El corte recto y preciso es particularmente importante cuando se cortan las grandes hojas de triplay.

Al cortar triplay y materiales aglomerados hay que tener en cuenta que la sierra corta con un movimiento hacia arriba, astillando el acabado de la cara de arriba de la tabla.

Para evitar el astillado, primero que nada utilice sólo hojas afiladas de corte al través y coloque hacia abajo la cara "buena" de la hoja de triplay.

El mejor material para hacer una regla es una tira de triplay de tres cuartos de pulgada, utilizando el borde de fábrica como guía. La ventaja del triplay es que permanece estable, no se tuerce. Corte una tira de 15 a 20 centímetros de ancho, por dos metros cuarenta y cuatro centímetros, que es lo que da la tabla de largo.

Para cortar a lo ancho el triplay esta regla resulta demasiado grande, de modo que conviene cortar otra de un metro y veintidós centímetros de largo.

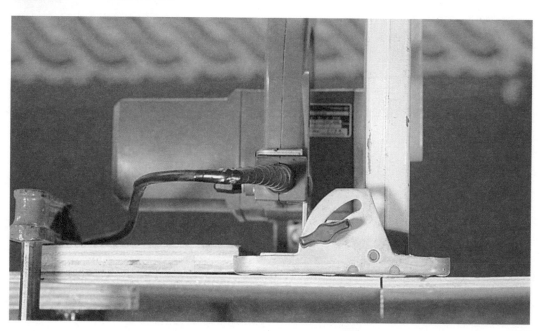

Para usar la regla debe compensar la distancia que hay desde la hoja hasta el borde de la sierra en que se apoyará la regla.

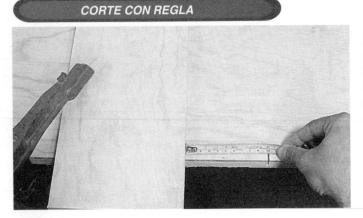

CORTE CON REGLA

Para conocer esta distancia, prense la guía y haga un pequeño corte en la tabla; luego, mida la distancia de la regla al borde izquierdo y al borde derecho del corte.

Para tener siempre a mano esas referencias, escríbalas sobre la regla.

Antes de ajustar la regla marque el punto exacto del corte y vea sobre qué lado de la línea debe correr la sierra.

Luego, marque la distancia correcta a la que deba ir la regla y colóquela.

Para no tener que medir cada vez la distancia a la que debe colocar la regla, puede atornillarse una tira de triplay de 3 o de 6 milímetros, bajo la regla. Coloque bajo la regla una tira un poco más ancha que la distancia que hay que compensar y atorníllela contra la regla.

Luego, coloque la sierra perfectamente pegada contra el borde de la regla y corte.

SIERRA CIRCULAR DE MANO

Para hacer cortes al través precisos y perfectamente a escuadra, conviene usar una regla "T" como guía.

Para hacer la regla, pegue una tira de triplay de tres cuartos, de 10 centímetros de ancho por 35 centímetros de largo, a una hoja de triplay de 35 por 35 centímetros.

Por la parte de abajo pegue otra tira de triplay de tres cuartos, de 10 centímetros de ancho por 35 centímetros de largo.

Esta pieza deberá estar enteramente a escuadra por el borde "bueno" del triplay. Primero engome, pegue la tabla y ajústela hasta que quede perfectamente a escuadra.

Deje que seque y atornille.

De ese modo, el borde de triplay puede alinearse contra las marcas de la tabla que va a cortar. Es mejor prensar la regla contra la pieza cada vez que se va a cortar.

Hay varias hojas para la sierra circular. La más común es la **sierra de combinación**, que permite buenos cortes al través y al hilo.

La **hoja de combinación** es con la que generalmente se surte la sierra. No deja los bordes enteramente lisos, sino que tienen que cepillarse después del corte.

Y algunas veces, al cortar al hilo, la ranura de corte es tan estrecha que la hoja puede atorarse en la madera.

Para que al cortar al hilo y que la hoja no se atore y se trabaje con gran rapidez, se utiliza la **hoja de corte al hilo.** La hoja de corte al hilo tiene los dientes mucho más grandes y las gargantas más profundas, para quitar rápidamente el material.

Cuando al cortar al través se desea un acabado terso, fino, se utiliza una **hoja de corte al través.**

Tiene muchos dientes pequeños que van dejando un acabado terso. Es la mejor hoja para cortar triplay.

La **hoja de cepillo** es la que hace los cortes más tersos, con los bordes prácticamente pulidos.

Las hojas que tienen las puntas de carburo duran mucho más.

Para cambiar la hoja desconecte la sierra de la corriente. Algunas sierras tienen un botón que al apretarlo sirve como tope para quitar y poner la hoja.

Luego, con una llave de tuercas, gire la tuerca que fija la hoja, en sentido contrario a las manecillas del reloj.

Algunas sierras tienen un tornillo *Allen* en lugar de tuerca.

Al colocar otra hoja, fíjese que el sentido de los dientes sea el mismo de la flecha que viene en la cubierta protectora o guarda de la hoja.

Finalmente, vuelva a colocar el tornillo que fija la hoja y apriételo bien.

SIERRA CALADORA

La sierra caladora es una sierra
ligera con la que pueden
hacerse, muy fácilmente, cortes
irregulares y rectos, no solamente
en madera, sino también en metal
y en plástico.

No tiene la potencia ni la precisión
de las sierras grandes, pero
permite hacer muchos trabajos
que no podrían hacerse con una
sierra circular.

La sierra caladora usa una hoja delgada que sube y baja unos 25 mm alrededor de 3000 veces por minuto. En algunos modelos la velocidad se puede regular. La velocidad baja se usa para cortar materiales duros o gruesos; la alta, para los suaves y delgados.

Corta en el movimiento de la hoja hacia arriba y puede producir astillas en la cara superior de la madera. Cuando corte triplay, coloque la cara buena hacia abajo.

Para cortar, la pieza debe ser sostenida firmemente con una prensa, con la línea de corte lo más cerca posible de la prensa. Hay que fijarse que abajo de la línea de corte no haya nada que pueda chocar con la hoja de la sierra.

Se enciende la sierra y se avanza, con la presión necesaria para un corte suave. Si se fuerza, la hoja puede desafilarse y hasta romperse.

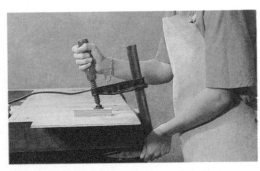

Conforme la sierra avanza y el corte se aparta del lugar de la prensa, la tabla debe irse moviendo y prensando nuevamente.

Si no se hace así, el movimiento de la sierra hace que vibre demasiado y el corte pierde precisión.

Como la sierra caladora no tiene gran precisión, conviene pasarla ligeramente a un lado de la línea de corte, para después cepillar.

SIERRA CALADORA

Algunos modelos tienen una base que puede inclinarse para hacer cortes en ángulo.

Además de servir para hacer cortes irregulares, la sierra caladora se usa para hacer cortes calados o cortes internos.

Para iniciar un corte, se hace un agujero con una broca en la parte de la madera que se va a desperdiciar.

Pero con la sierra caladora se puede iniciar el corte sin el agujero, simplemente hundiendo poco a poco la hoja en la madera. Se alinea la hoja sobre la línea de corte, colocando la sierra casi acostada. Se enciende la sierra y la hoja se va bajando poco a poco para que penetre en la madera mientras la sierra se va enderezando, hasta que la hoja entra totalmente.

Hay distintas hojas para la sierra caladora, como la hoja de dientes grandes, para un corte burdo pero rápido.

La hoja con dientes más pequeños, para mejor terminado y para trabajos con maderas delgadas, particularmente triplay.

La hoja de dientes muy finos para corte muy fino de material delgado.

Para cortar metales hay también diversas hojas. Cuando cambie de hoja debe desconectar la sierra de la corriente.

LIJADORAS

Hay tres tipos de lijadoras
eléctricas portátiles: la de
banda, la de disco y la orbital.

Las lijadoras portátiles facilitan
enormemente el trabajo de
acabado que, hecho a mano, es
a veces tardado.

LIJADORAS

Quienes han usado la lijadora de banda saben que se necesita desarrollar "el toque", la sensibilidad con la máquina, para dejar un acabado muy fino. En general, la lijadora de banda se usa para un lijado inicial, en el cual hay que quitar material, que después se afina a mano o con la lijadora orbital.

Las lijadoras de banda utilizan una banda de lija hecha con un respaldo de tela flexible. En el interior de la banda, con una flecha, se indica la dirección en que debe girar.

Las bandas se venden en los tamaños de las lijadoras, con diversos granos; del 60 para trabajo grueso, del 100 para el trabajo mediano y del 150 para el trabajo fino.

La banda se mueve entre dos tambores. El tambor de atrás tiene la fuerza, porque es el que va conectado al motor.

El de adelante proporciona la tensión para que la banda gire y no se patine. Entre los dos tambores hay una plataforma, que mantiene la lija plana sobre la madera.

Para cambiar la banda empuje la palanca del resorte de la tensión.

Saque la banda, coloque una nueva y suelte la palanca de la tensión.

Finalmente ajuste la tensión lateral con la máquina encendida y la lijadora hacia arriba. Se gira un tornillo hacia un lado y otro, hasta que la banda se queda en el centro.

Para lijar, primero se enciende la lijadora, luego se coloca muy suavemente sobre el trabajo, inicialmente el tambor de atrás.

Enseguida se mueve, constantemente, con un vaivén de movimientos de adelante hacia atrás, recorriendo poco a poco toda la madera. En cada movimiento de vaivén la lijadora se recorre un poco hacia la izquierda o la derecha, encimando un poco, con el movimiento anterior.

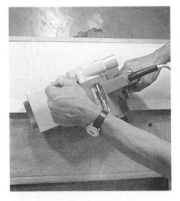

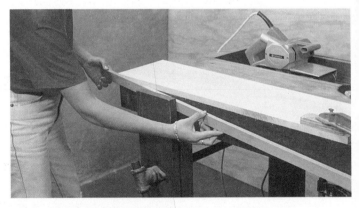

Al principio, para quitar material, se lija un poco inclinado. Después, para un lijado más fino, se lija en la dirección del grano.

La lijadora de banda quita material muy rápido muy común que en lugar de dejar superficies enteramente lisas, queden hondonadas o surcos, con sólo ladear ligeramente la lijadora, o dejándola mucho tiempo en un sitio.

Por eso, además de tener cuidado y práctica, es conveniente colocar en los bordes del trabajo unas tiras de desperdicio, al ras de la superficie, para evitar que la lijadora quite, en los bordes, más material del que es necesario.

LIJADORAS

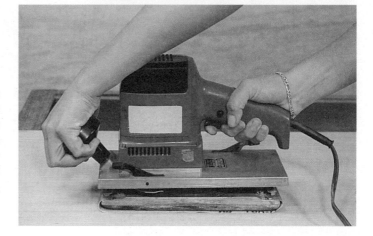

La lijadora orbiltal es para dejar un terminado perfecto. Trabaja haciendo movimientos circulares muy pequeños, muy rápidos, entre 4000 y 14000 por minuto, casi como una vibración.

Tiene una plataforma rectangular con un fieltro, sobre el que se coloca la lija, sujetada con unas grapas a gran presión para que no se suelte con la vibración.

El tamaño de la plataforma generalmente equivale a un tercio de la hoja normal de lija. Las lijadoras orbitales más grandes utilizan la mitad de una hoja normal de lija.

Las lijadoras orbitales se utilizan para toda clase de trabajo, aunque son más prácticas y más útiles para el acabado final, de tal manera que no se requiera ningún toque adicional a mano.

Para lijar, se sostiene con ambas manos, se enciende, se descansa suavemente sobre la madera y se comienza a lijar. No hay necesidad de ejercer presión.

Como la lijadora orbital gira en todas direcciones, no es necesario que se trabaje siempre en el sentido del grano, aunque es mejor hacerlo con la máquina en un pequeño ángulo.

Como todas las lijadoras, se debe mantener siempre en movimiento.

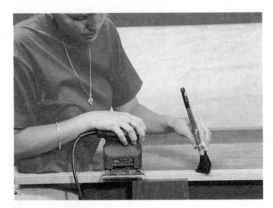

Es conveniente, con una brocha, quitar constantemente el polvo que produce la lijadora para que la lija no se tape y para que, los cristales de lija que se desprendan no rayen la superficie que está puliendo.

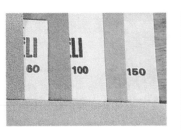

Debe comenzarse utilizando las lijas más gruesas, del 60, enseguida las medianas, del 100, y finalmente, la lija más fina, del 150.

Antes de dar la pasada final se frota un trapo húmedo sobre toda la superficie, y enseguida, se lija por última vez, con lo que queda una superficie muy tersa.

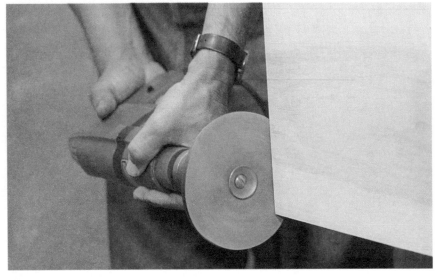

Las lijadoras de disco adaptadas a un taladro se usan poco en el pulido de la madera, pues no son fácilmente controlables y producen marcas que son difíciles de quitar.

Son verdaderamente útiles cuando se montan en una base, con una pequeña mesa en la que se apoya la madera a lijar.

Sirven principalmente para lijar los extremos de las tablas. Sólo se usa la mitad derecha del disco, porque es la mitad que baja y sostiene el trabajo contra la mesa.

Con el cepillo eléctrico de mano se puede hacer más fácilmente y con mayor rapidez, casi todo el trabajo que se hace con una garlopa. Sin embargo, comparada con una garlopa, es una herramienta poco manual, por lo que tiene un uso limitado en la mayoría de los talleres de carpintería.

El cepillo pule con unas cuchillas que giran a muy alta velocidad.

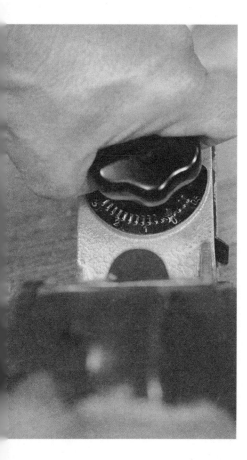

La profundidad de las cuchillas se regula con un tornillo en el cual hay una regla que señala, en milímetros, la distancia que las cuchillas sobresalen de la base.

Para operarla, se fija el trabajo firmemente, con una o dos prensas. La madera no debe quedar suelta o apoyada sólo en un tope, como al usar la garlopa.

Luego, se pone en cero la cuchilla y el cepillo se coloca en línea recta con la tabla que se va a cepillar.

Se baja la cuchilla un milímetro, se enciende el cepillo y se recorre la madera, de la misma manera que con una garlopa.

El cepillo debe sostenerse firmemente, con las dos manos, bien balanceado sobre el trabajo.

Si la profundidad de la cuchilla no es suficiente, se baja un poco en la siguiente pasada. Así, hasta que queda perfectamente ajustada para ese trabajo. El corte debe ser muy poco profundo, de menos de un milímetro, dependiendo de la potencia del motor. No debe forzarse el motor. Hay que acostumbrar el oído al sonido normal del motor. Si baja su velocidad al pulir, es que se está forzando y hay que disminuir la profundidad del corte.

Con un cepillo eléctrico es difícil cepillar una tabla más ancha que el propio cepillo, pues al recorrerlo sobre la madera deja ligeros surcos.

Con un cepillo eléctrico, igual que con una garlopa, la profundidad del corte se logra pasando varias veces el cepillo y no sacando más la cuchilla.

Al terminar, la máquina no debe colocarse con las cuchillas directamente sobre el banco. Súbalas y coloque la punta del cepillo sobre un trozo de madera.

Para que el cepillo corte a escuadra sobre los cantos de una tabla y no pierda balance, se pone una guía lateral.

TALADRO ELÉCTRICO

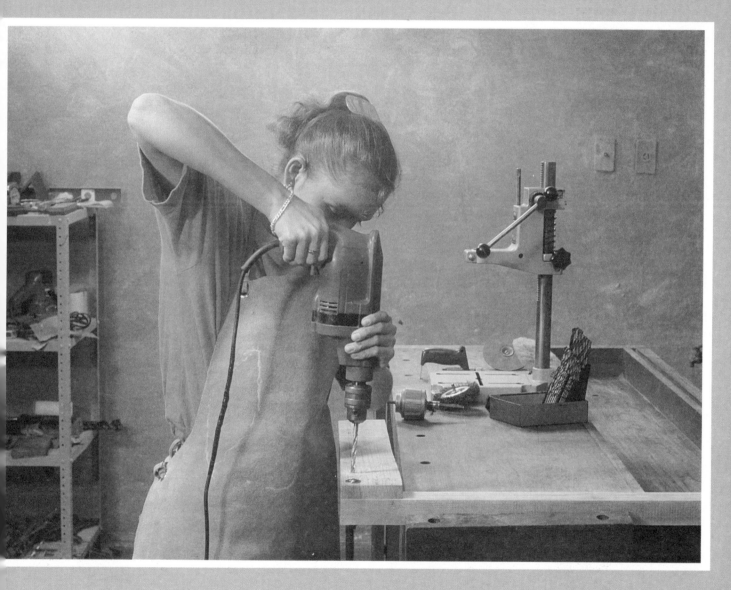

Los taladros eléctricos se usan principalmente para hacer hoyos, pero tienen tantos accesorios que se han convertido en la herramienta más útil del taller.

Hay taladros con aditamentos para convertirse en sierra caladora, sierra circular, torno, cepillo, etc. Sin embargo, para obtener buenos resultados en carpintería, es mejor tener cada una de esas herramientas por separado.

Además de hacer agujeros, con un cepillo de alambre pueden limpiar y pulir. Con una piedra de esmeril y una base, permiten afilar herramienta.

Con una base de hule se convierten en lijadora de disco.

O en una pulidora para cera, con una bolsa de piel de borrego.

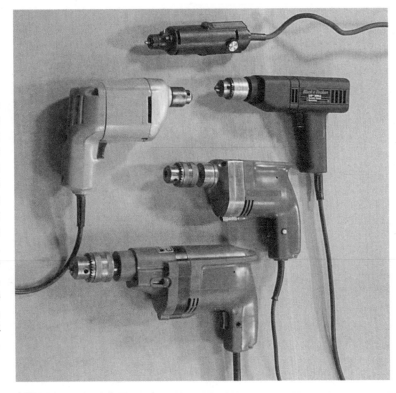

Los taladros varían en tamaño según el grosor de las brocas que aceptan. Los más pequeños son de un cuarto de pulgada. Siguen los de tres octavos y, finalmente, los muy grandes, de media pulgada.

Para quitar el mandril se inserta la llave, se sostiene el taladro firmemente y con un mazo se golpea la llave, en el sentido contrario a las manecillas del reloj.

Para colocar las brocas tienen un mandril y una llave, que al girar abre o cierra las mandíbulas.

Ya que el mandril se aflojó, se quita con las manos.

TALADRO ELÉCTRICO

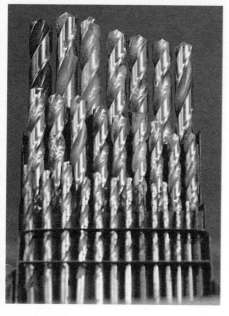

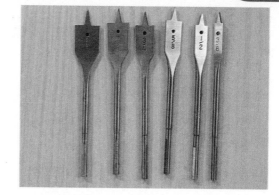

Las brocas más comunes son las brocas para metal que también se usan para madera. Las hay muy finas, de apenas un milímetro de diámetro, hasta doce milímetros, o sea, media pulgada.

Las brocas planas son el equivalente de las brocas de berbiquí, para usarse en los taladros. Se consiguen desde seis hasta veinticinco milímetros.

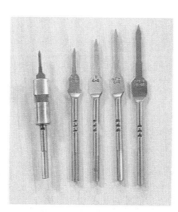

El *avellanador* es una broca de punta cónica para hacer las bases en las que entran los tornillos para madera.

Las brocas para tornillo hacen, al mismo tiempo, el agujero guía, una caja para la parte plana del tornillo y el cono para que penetre la cabeza.

Las brocas para concreto permiten hacer agujeros en las paredes y en los marcos de las puertas, para colocar taquetes, para fijar los muebles, las puertas y las ventanas.

Hay unos aditamentos reductores de velocidad que permiten meter tornillos con gran velocidad. Algunos taladros tienen incorporado el reductor de velocidad. Hacer agujeros precisos a mano libre es muy difícil. Hay que acostumbrarse a usar la herramienta perfectamente perpendicular al trabajo, sin que se incline para un lado o para otro.

Sin embargo, para hacer un trabajo verdaderamente preciso, es conveniente utilizar una base, que convierte al taladro de mano en un taladro de banco.

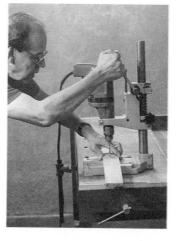

Muchas veces es difícil sostener el taladro a mano en una posición fija. Al comenzar a girar la broca cambia ligeramente de lugar. Para mantener fijo el sitio en que penetra la broca hay unas guías que se colocan sobre el lugar exacto, por las que se mete la broca, para que no cambie de posición, especialmente al inicio del trabajo.

113

REBAJADORA O *ROUTER*

La rebajadora, ranuradora o *router* es la herramienta que mayor variedad de trabajos puede hacer, después de la sierra.

Hace un trabajo profesional, con cortes limpios y claros, sin que se necesite tener la experiencia de un profesional.

La rebajadora o *router*, además de cortar ranuras, hace los ensambles de media solapa, los de cola de milano, los de espiga y mortaja, los de ranura y lengüeta y una gran cantidad de trabajo decorativo.

REBAJADORA O ROUTER

El **router o rebajadora** se compone de dos partes principales: el motor y la base.

La base tiene la sub-base, las manijas, el apagador y el tornillo para el ajuste de la profundidad de la broca.

El motor tiene la cubierta del motor, la tuerca del eje del motor, y la tuerca candado, que sostiene la broca.

Los routers se miden por la potencia de su motor. Los más chicos son de medio a un caballo. Sirven para trabajo muy pequeño.

Los medianos utilizan motores de un caballo y medio a dos caballos y medio. Son los más usados en los pequeños talleres.

La broca normal de la rebajadora o router chico y mediano, es de seis milímetros de diámetro, es decir, un cuarto de pulgada.

Los routers giran más rápido que otras herramientas eléctricas: entre 16 000 y 30 000 revoluciones por minuto, mientras que un taladro gira 2500 veces en un minuto y una sierra, cerca de 5000.

Gracias a que gira a muy alta velocidad, el router produce superficies muy tersas.

La broca se sostiene en el interior de una tuerca candado. Esta tuerca tiene una ranura o abertura, en un lado. La ranura se cierra y aprieta la broca, cuando se introduce en la tuerca del eje del motor.

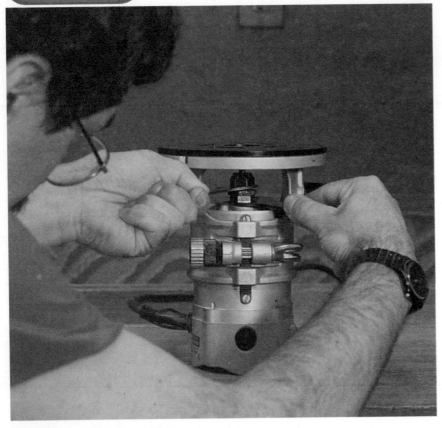

Las brocas se cambian utilizando un par de llaves de tuerca. Con una llave se sostiene la tuerca del eje del motor y con la otra se da vueltas a la tuerca candado, ya sea para aflojar y sacar la broca o para apretarla.

La mayoría de los routers tienen la parte de arriba plana, para poderlos poner de cabeza al cambiar las brocas y dejar libres las dos manos del carpintero.

Se necesitan ambas manos para apretar bien la broca, para que no se salga mientras se hace el trabajo.

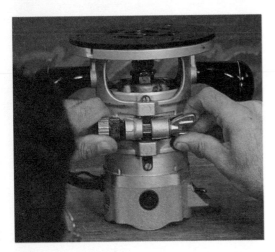

La profundidad de la broca se ajusta girando el motor sobre la base. Al girar en sentido de las manecillas del reloj la broca sale, y al contrario se mete.

La profundidad se mantiene en su lugar, apretando la base contra el motor, con un tornillo de mariposa y una tuerca.

Hay unos routers que tienen un mecanismo de resortes para poder hacer agujeros perfectamente verticales.

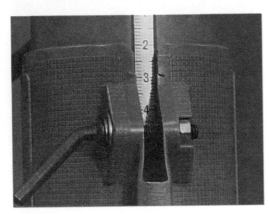

Para controlar la distancia a la que sobresale la broca de la base, algunos routers tienen una escala que se ajusta en cero, a la altura en que la broca queda al ras de la base. Una vez ajustada, al girar el motor sobre la base y salir la broca, la escala indica en centímetros la distancia que la broca sobresale de la base.

REBAJADORA O ROUTER

El router puede hacer muchas clases de trabajo, debido a que se le pueden poner muchas brocas diferentes.

Las brocas normales del router están hechas de acero para alta velocidad. Estas brocas deben ser afiladas con frecuencia, por un afilador experto, no por cualquier afilador.

Las brocas con puntas de carburo de tungsteno son para una gran producción. Su filo dura mucho más, pero sólo pueden ser afiladas con máquinas especiales.

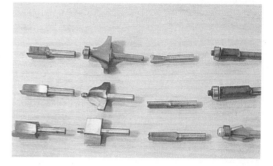

Aun cuando hay decenas de brocas diferentes, todas son variaciones de cuatro tipos principales: las de corte recto, las de hacer bordes, las de hacer ranuras y las de igualar bordes.

Además de las distintas formas de brocas, cada una se produce en varios tamaños.

Entre las brocas de corte recto hay dos clases: las de *una estría* o *un canal,* que se usa para cortar ranuras y hacer cortes internos rápidamente, sin que importe mucho la tersura del corte.

Las brocas de *corte recto* de *dos estrías* o *canales,* se usan para cortar ranuras, mortajas y trabajar con plantillas, dejando un acabado más fino.

Las brocas para cortar bordes son las más abundantes. Las más frecuentes son la **semicircular** o **redonda**, que redondea los bordes con un cuarto de círculo.

La **broca de cuarto bocel** produce un cuarto de círculo, con dos bordes rectos.

La **broca achaflanada** corta los bordes con un ángulo de 45 grados.

La **broca caveto** produce también un cuarto de círculo, pero invertido, cóncavo.

La **broca talón** produce una moldura con dos curvas, en forma de "S".

La **broca de rebaje** produce un rebaje recto en el borde de la tabla.

REBAJADORA O ROUTER

La **broca para canal en "V"** se utiliza, principalmente, para hacer trabajos de decoración.

La **broca de vena** hacen líneas decorativas, con bordes redondeados.

La **broca de media caña** se utiliza para hacer ranuras con fondo redondo.

La **broca de cola de milano** se utiliza para hacer ensambles de cola de milano, con el router.

Estas brocas se utilizan, principalmente, para igualar los bordes de las láminas de plástico, con las que muchas veces se cubren las tablas de triplay y madera maciza.

Algunas de estas brocas tienen un pequeño balero que le sirve como guía del borde. Las hay para corte recto y para corte en bisel o ángulo.

Las brocas se mellan muy fácilmente, por lo que no deben guardarse amontonadas en un cajón.

Para conservarlas bien conviene hacer una tabla con agujeros y en ellos, colocar las brocas, sin que se toquen.

No deje que se acumule resina en las brocas; límpielas con thíner o con agua tibia y detergente y póngales *polish* o cera para autos, para que no se oxiden.

La pieza que va a trabajarse debe estar sujeta firmemente.

El router se toma firmemente, con las dos manos. Para manejarlo bien hay que dominar dos cosas. La primera, es moverlo en la dirección correcta. La segunda es moverlo a la velocidad adecuada.

El router debe avanzarse en contra de la dirección de la broca, es decir, contrario a las manecillas del reloj.

La broca da vueltas en el sentido de las manecillas del reloj, visto desde arriba.

1 RANURE PRIMERO LOS BORDES CON GRANO

Pero cuando se trabaja en bordes interiores, el router debe avanzar al revés, es decir, en el sentido de las manecillas del reloj.

← MOVIMIENTO DEL ROUTER **4**

Rotación de la broca

MOVIMIENTO DEL ROUTER **3**

MOVIMIENTO DEL ROUTER

Rotación de la broca

2 MOVIMIENTO DEL ROUTER →

Recuerde: para trabajar en el borde exterior debe moverse en contra de las manecillas del reloj.

La velocidad ideal debe ser entre la muy rápida, la cual fuerza a la máquina, y la demasiado lenta, en la que la superficie que se está cortando se quema.

Encontrar esa velocidad depende de muchas cosas, como la potencia del motor, la dureza de la madera, el tipo de broca y la profundidad del corte.

De modo que la velocidad correcta es distinta, casi cada vez que se hace un corte diferente. Si se va muy aprisa, la máquina se fuerza, baja la velocidad de la broca y el ruido del motor se oye distinto. Al bajar la velocidad de la broca y avanzar muy rápido, la superficie que se corta no queda tersa.

Cuando se va muy lento la superficie que se corta queda muy lisa, pero se quema.

REBAJADORA O ROUTER

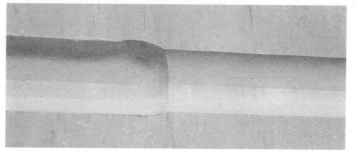

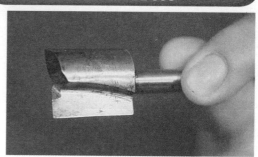

No haga cortes muy profundos porque la máquina se fuerza y puede dañarse. Es mejor pasar dos veces. La primera, con la broca a media profundidad; la segunda, con la broca a la profundidad correcta.

No use brocas sin filo, porque fuerzan el motor y pueden dañarlo.

Hay varias maneras de controlar la dirección en que corta el router. Una es con una guía que viene en la propia broca.

Otra, es con una guía que se pone en el propio router, a un lado.

Otra más, es utilizando reglas.

Una más, es empleando plantillas o patrones para guiar al router.

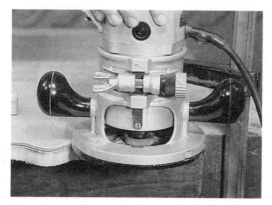

Y finalmente, a mano libre.

Las brocas con su propia guía sólo se usan en los bordes. En estas brocas, el eje circular, que no corta, se prolonga por abajo de la parte de la broca que corta.

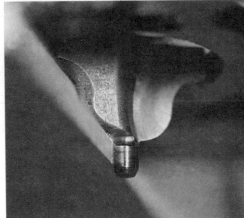

Al no cortar la madera, el eje sirve como tope a la broca, la cual no puede penetrar más allá del borde por donde corre el eje.

Pero como el eje o guía de la broca gira a altísima velocidad, rozando el borde de la tabla, cuando se calienta demasiado, quema la madera en el borde ya terminado.

Para evitar que el borde se queme, la broca no debe empujarse contra el borde, sino simplemente guiar a lo largo de él.

También es muy importante mantener la velocidad apropiada de corte, que se aprende haciendo ensayos.

Estas brocas tienen la enorme ventaja de hacer rebajes y molduras en los marcos de las ventanas y en otras piezas ya ensambladas.

Las brocas con guía se deben mantener muy limpias, lavándolas con thíner y frotando la guía, no el filo, con lija de agua fina.

Para evitar, totalmente, las quemadas en los bordes, hay unas brocas especiales con una guía de balero.

Para disminuir las quemadas en los bordes, se utiliza la broca en combinación con la guía lateral, la cual se monta en el propio router.

REBAJADORA O ROUTER

Esta guía lateral se consigue como un accesorio del router. Se fija a la base con unas varillas que permiten ajustar la distancia a la que se necesita la guía.

Primero se coloca la guía a la distancia correcta y se ajusta la profundidad de la broca.

Enseguida, se hace una prueba en un trozo de madera de desecho. Si es necesario se hacen ajustes y vuelve a probarse, hasta que queda con la distancia y la profundidad correctas.

La guía se pone contra el borde de trabajo, para llevar el router paralelo al borde de la madera. El router no debe separarse para nada del borde, porque entonces la broca corta menos o corta donde no se desea y se arruina el trabajo.

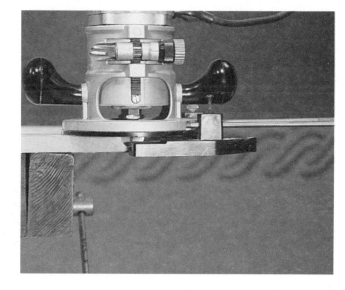

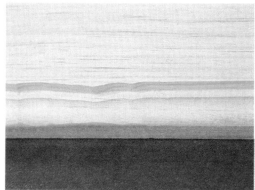

Como la máquina corta siguiendo el borde, cualquier irregularidad en la orilla aparecerá en el corte; de manera que antes de iniciarlo conviene revisar el borde.

Con esta guía pueden hacerse rebajes en los bordes, utilizando las brocas de rebajes o también las brocas rectas normales.

Pueden producirse molduras en los bordes...

...ranuras en el interior de la tabla...

...molduras decorativas en el interior de la tabla, ya sea que se trate de una sola moldura o de una serie de molduras paralelas.

Esta guía lateral para cortes rectos se puede convertir en una guía para cortes curvos, paralelos al borde de la tabla.

Esta misma guía puede transformarse en una guía para hacer cortes paralelos a una ranura y hacer ranuras paralelas, a una distancia idéntica.

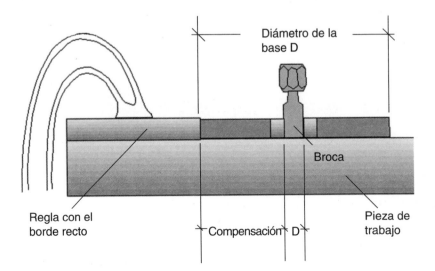

También puede convertirse en una guía para cortes circulares, colocando un poste que sirva como eje.
En vez de la guía giratoria, se puede atornillar a la base una tira de triplay, que se sostiene con un clavo en el eje o centro del círculo.

Estas guías tienen la limitación de que no pueden utilizarse más que a una corta distancia del borde. Para no depender del borde de la tabla, se usa una regla.
Las reglas se hacen con una tira de triplay de tres cuartos de pulgada de grosor y 10 a 15 centímetros de ancho. Si se trabaja mucho con ellas, conviene forrarlas con lámina de plástico y ajustar los bordes.

Al usar la regla hay que compensar la distancia que hay entre la broca y el borde de la base del router.
La mayoría de las brocas vienen en medidas estándar, como 3, 6, 9, 12, 16 y 19 milímetros, es decir 1/8, 1/4, 1/2 de pulgada.
Para obtener la distancia que hay que compensar, es decir, la distancia a la que hay que colocar la regla, se resta el diámetro de la broca al diámetro de la base y se divide entre dos.
Esa es la distancia de la línea de corte a la que debe colocarse la regla.
Conviene escribirla sobre la propia regla, indicando la broca con la que se obtuvo.

Diámetro de la base D

Broca

Regla con el borde recto

Compensación D

Pieza de trabajo

REBAJADORA O ROUTER

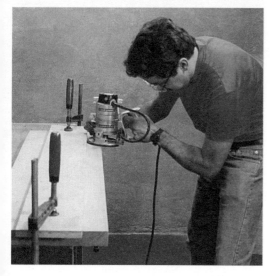

Las reglas se fijan con unas prensas a la tabla que se va a cortar.

Cuando va a hacerse un corte al través con regla, conviene construir una regla "T".

Al trabajar con una guía, ya sea la propia broca, la guía lateral ajustada al router, o una regla, siempre debe mantenerse la máquina recargada a la guía.

En cuanto se afloja la ligera presión que se hace para mantener el router pegado a la guía, la broca se va por otro lado, con lo que puede arruinarse el trabajo.

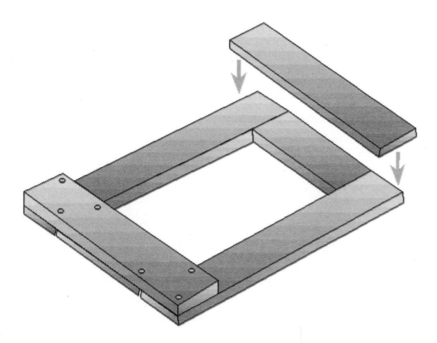

Para evitar eso, se usa como guía una caja que controla el movimiento del router en todas direcciones.
Se hace con tiras de 10 centímetros de ancho, de triplay de tres cuartos. Debe construirse con gran precisión, perfectamente a escuadra.
Las reglas laterales de la caja se colocan a la misma distancia que el diámetro de la base del router.
Estas cajas son particularmente útiles cuando se necesitan hacer varias ranuras, un poco más grandes que el diámetro de la broca.

Para ello, las reglas laterales de la caja se colocan a la misma distancia que el diámetro de la base, más la distancia que le falta a la broca para alcanzar el ancho de la ranura que se desea.

125

Los cortes con plantilla o patrón se hacen con la broca de corte recto, en combinación con una guía para plantillas, que se fija a la base del router.

Los patrones o plantillas son distintos, pero el principio para trabajar con ellos es el mismo. La broca de corte recto sale por la boquilla de la guía.

El borde de la guía se apoya contra el borde de la plantilla, mientras el router recorre la orilla del patrón, generalmente hecho de triplay de 6 milímetros.

Puede copiarse cualquier forma. Si la figura que se quiere copiar es interior, entonces la figura para cortar el patrón debe hacerse un poco más grande, para compensar la distancia entre la guía y la broca. Ese es el caso de los patrones para hacer las cajas de las bisagras, que deben ser un poco más grandes que las bisagras.

Si la figura a copiar es exterior, entonces, la figura del patrón debe ser un poco más pequeña, para compensar la distancia entre la guía y la broca.

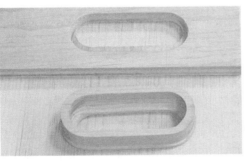

El corte a mano libre es para fines decorativos. Se traza un dibujo sobre la madera y el router se guía con la vista, siguiendo el contorno de las líneas del dibujo.

REBAJADORA O ROUTER

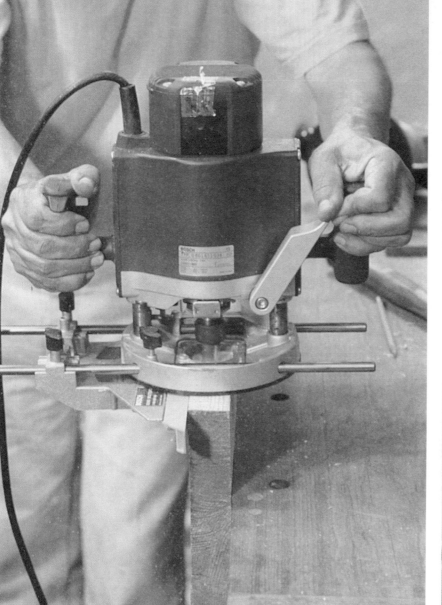

Una manera de hacer las cajas de un ensamble es colocar una madera atornillada a la guía lateral.

Se coloca en el router una broca recta con el diámetro igual al ancho que se desea en la caja.

Se inclina el router, se enciende y se endereza poco a poco, conforme la broca va penetrando en la madera.

Las maderas para las espigas se unen con una prensa, se marcan y se cortan varias de una sola vez.

Si van a hacerse muchas cajas repetidas, conviene construir una caja como guía.

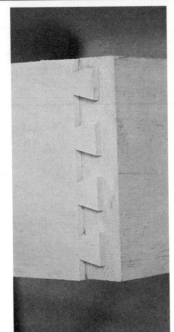

Sin embargo, es el ensamble de cola de milano el que más fácilmente se hace con el router.

La plantilla se usa en combinación con una guía para plantillas, la cual se coloca en la base del router y la broca de cola de milano.

Es importante ajustar la broca para que salga de la base exactamente 16 milímetros, o sea 19/32 de pulgada.

Para hacer el ensamble de cola de milano con el router se necesita utilizar una plantilla especial, que se consigue como un accesorio del router. La plantilla está compuesta por una base, la plantilla, una barra delantera, una barra superior y cuatro topes. La plantilla puede atornillarse directamente a la mesa de trabajo o a una base de madera gruesa, la cual se prensa contra el banco de trabajo.

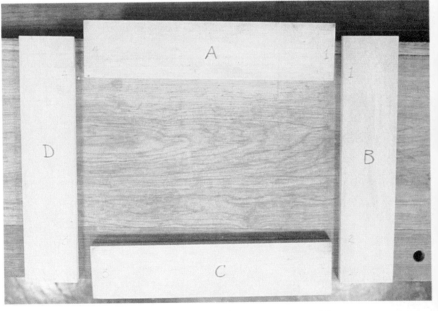

Es importante que marque las piezas que va a ensamblar para que haga el ensamble correcto y el embonado sea preciso, sobre todo si se trata de un cajón. Coloque las cuatro piezas en la posición en que van a ser ensambladas, con sus caras interiores hacia arriba. Marque la tabla de enfrente con la letra A, y después, las siguientes piezas de la B a la D, en el sentido de las manecillas del reloj. Ahora, marque con el mismo número la parte inferior de las orillas de las dos tablas que se van a ensamblar. La unión de la tabla A y B, márquela con el número 1, la de la B con la C, con el número 2, y así hasta terminar. Es importante que la anotación sea en el borde inferior, porque son justamente los bordes inferiores los que deben ir pegados a los topes de la plantilla.

REBAJADORA O ROUTER

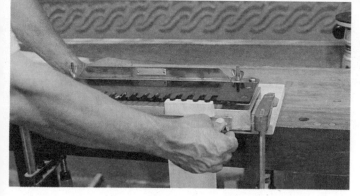

Las caras internas, en las cuales se han hecho las anotaciones, son las que deben ver hacia afuera de la base de la plantilla. Ahora, coloque la tabla D adentro de la barra delantera, con el lado marcado con el número 4 hacia arriba, y contra el tope del lado derecho de la base. Deslice la tabla hacia arriba, hasta que la punta sobresalga un centímetro arriba de la base y apriete la barra delantera.

Meta la tabla delantera, marcada con la letra A, por abajo de la barra superior, cargada al lado derecho de la base, de modo que pegue con el tope y a escuadra, con la tabla D. Apriete la barra superior.

Ahora, afloje un poco la barra delantera y deslice hacia arriba la tabla D, hasta que su extremo esté al ras con la superficie de la tabla A.

Baje la plantilla sobre las dos piezas y apriétela.

Tome el router y comience por el extremo derecho de la plantilla. Coloque el borde de la guía contra el borde de la plantilla. Encienda el router y muévalo despacio de derecha a izquierda, a lo largo de la tabla que sostiene la barra delantera, tocando apenas las puntas de las lenguas de la plantilla.

Una vez que llegue al extremo izquierdo de las tablas, mueva el router hacia la derecha penetrando en las bocas de la plantilla, siguiendo el contorno.

Cuando el corte esté completo, apague el router, deje que se detenga y retírelo de la plantilla, jalándolo hacia usted. Quite las tablas del aparato y, con una navaja, limpie las astillas de las bocas, las colas y los dientes.

Enseguida, de la misma manera, corte el otro lado de la tabla de enfrente, marcada con la letra A, empatándola con la tabla B, pero en este caso coloque las dos tablas contra los topes del lado izquierdo de la base.

Repita los mismos procedimientos con la tabla marcada con la letra C y luego ensamble las cuatro piezas.

ENSAMBLADORA

La ensambladora es una herramienta relativamente nueva que permite realizar ensambles o uniones de lengüeta con gran facilidad, rapidez y precisión.

No obstante que las lengüetas u obleas con las que se hace el ensamble son relativamente pequeñas, los ensambles o uniones que resultan son extraordinariamente resistentes.

ENSAMBLADORA

La ensambladora tiene una pequeña sierra que produce una ranura curva, en la que se introduce una oblea también curva. Hay obleas de dos tamaños, para uniones más fuertes y más ligeras.

Para realizar el ensamble se hacen dos ranuras, una en cada una de las piezas que se van a unir. En las ranuras se introduce la oblea o lengüeta con la que se realiza la unión de las dos piezas.

Las lengüetas están hechas de madera dura comprimida. Estas lengüetas entran justas o con muy escasa holgura en las ranuras que hace la máquina, y al entrar en contacto con el pegamento húmedo comienzan a expandirse con una enorme fuerza, de manera que a la resistencia que ya de por sí tiene el pegamento, se agregan la resistencia de la madera fuerte y dura de que están hechas y la presión que ejercen sobre las paredes de la ranura.

Hacer uniones con la ensambladora es tarea muy fácil. El primer paso es colocar las dos piezas de madera exactamente en la forma y lugar en que se van a unir y marcar las dos piezas con una línea en el centro de la unión.

Por ejemplo, para hacer este ensamble en "L" se han presentado las dos piezas en su lugar y trazado una raya al centro de la unión que quiere hacerse.

Enseguida se marca la profundidad a la que se quiere la ranura en la que entrará la oblea. En este caso se ha buscado la mitad del espesor de la tabla.

Luego, se ajusta la profundidad de la cuchilla o sierra de la ensambladora. Para ello la máquina dispone de una escala graduada sobre la que se ajusta un tope de profundidad.

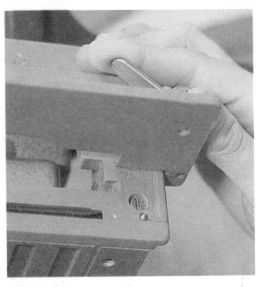

Una vez que se ha colocado el tope a la profundidad requerida, se fija en su lugar apretando unas mariposas.

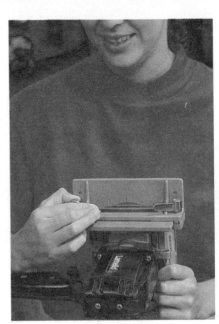

Enseguida se hace una pequeña prueba para verificar la profundidad y, si es necesario, se corrige el ajuste del tope.

ENSAMBLADORA

A continuación, según el tamaño de la oblea que se vaya a usar y la holgura que se le quiera dar, se ajusta la penetración de la cuchilla. La cuchilla tiene un movimiento de atrás hacia adelante.

La distancia que recorre la cuchilla y por tanto, la penetración que tiene en la madera, se regulan con un tope.

Al empujar la máquina hacia adelante sobresale la cuchilla.

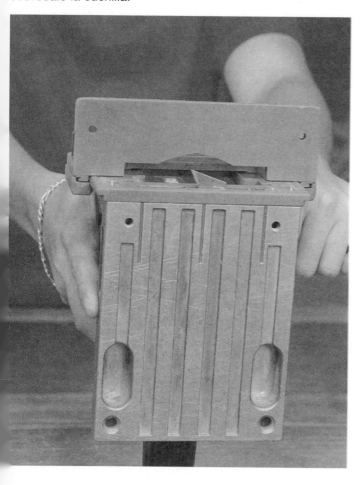

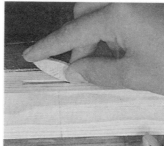

Debe haber una correspondencia entre la profundidad de la cuchilla y el tamaño de la oblea, que debe penetrar hasta la mitad o un poco más en la ranura de cada lado.

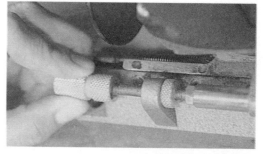

Para ello se gira el tornillo que regula la penetración.

También se ajusta el tope que regula la distancia de retroceso de la máquina. Para que el retroceso de la ensambladora sea automático dispone de un sistema de resortes que, al aflojar la presión, regresa la cuchilla a su lugar de origen.

Ya que la ensambladora está ajustada en su altura y penetración, se coloca contra una de las piezas que se van a unir.

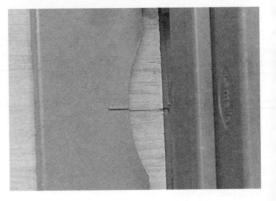

Se hacen coincidir las marcas de la máquina ensambladora con la línea trazada en el centro del ensamble que desea hacerse. Para evitar que la máquina cambie de posición al cortar, viene provista de un par de puntas que encajan en la madera lo suficiente para mantenerla en su sitio.

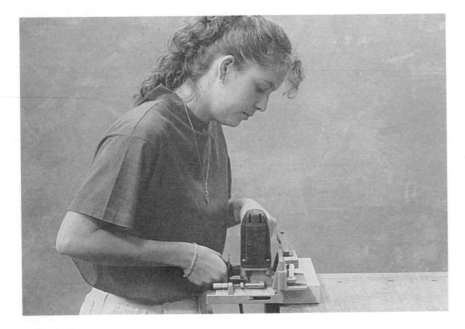

Luego, se enciende la máquina y, cuando ha tomado su velocidad normal de operación, se empuja contra la pieza de madera para que haga la ranura.

Al retirar la máquina queda una ranura semicircular.

En la ranura cabe, con una ligera holgura, la mitad de una oblea.

ENSAMBLADORA

Enseguida se coloca la ensambladora en la otra pieza que quiere unirse haciendo que coincidan las marcas de la máquina con la línea del centro del ensamble.

A continuación se hace la ranura al encender y presionar la máquina contra la pieza de madera.

De ese modo queda otra ranura donde deberá entrar la otra mitad de la oblea.

Luego, se pone pegamento para madera en cada una de las ranuras.

Después se coloca la oblea en una de las piezas.

Si es necesario se termina de meter con un suave golpe con el mazo.

Sobre la pieza con la oblea se coloca la ranura de la otra pieza.

Enseguida, si se considera necesario, se verifica la escuadra de la unión.

Finalmente, con un trapo húmedo se quita el sobrante de pegamento.

De la misma manera que se ha hecho una unión en "L" puede hacerse una unión en "T".

Dada la facilidad con que se hacen los ensambles y la resistencia que tienen, aun en muebles sujetos a grandes esfuerzos, como las sillas, las máquinas ensambladoras son cada vez más populares entre los carpinteros profesionales.

MADERA

De las 44 mil especies de árboles que hay en el mundo, la madera de unas 12 mil se utiliza comercialmente en la carpintería. Sin embargo, la mayoría de los trabajos de carpintería se realiza con la que proviene de unas 200 especies.

En México se consiguen maderas de alrededor de 30 especies, pero son las de los pinos y las de los abetos las más usadas.

Según el tipo de árbol del que proceden, las maderas se dividen en suaves y duras. Las suaves vienen de las coníferas: árboles que generalmente tienen forma de cono y hojas siempre verdes, delgadas como agujas. Coníferas son los pinos, los abetos y los cedros. No siempre las maderas "suaves" son realmente suaves.

Las maderas duras vienen de los árboles que tienen hoja ancha, que tiran en el otoño. Igualmente, no siempre las maderas llamadas "duras" son verdaderamente duras.

Cada especie produce madera distinta en su belleza, dureza, color, aroma, textura, veta y facilidad para el trabajo.

HILO O VETA

Todas las características de la madera son importantes, pero hay una que lo es particularmente al cepillar y pulir la madera y trabajarla con formón. Es el **grano** o **hilo.** Consiste en el acomodo de las fibras y células de la madera a lo largo de las tablas.

El hilo se distingue principalmente por los ligeros cambios de color que tiene la madera que crece durante el invierno y la que se desarrolla en el verano. El dibujo que forman se llama **veta.**

Cuando las cuchillas de las herramientas trabajan en el sentido del hilo, a favor de él, el corte de la madera es perfecto.

Pero cuando la cuchilla penetra en contra del hilo, la madera tiende a astillarse, con lo que se produce una superficie áspera y la calidad del corte no se controla.

Hay cinco clases principales de acomodo del hilo o grano: recto, irregular, ondulado, en espiral y entrelazado.

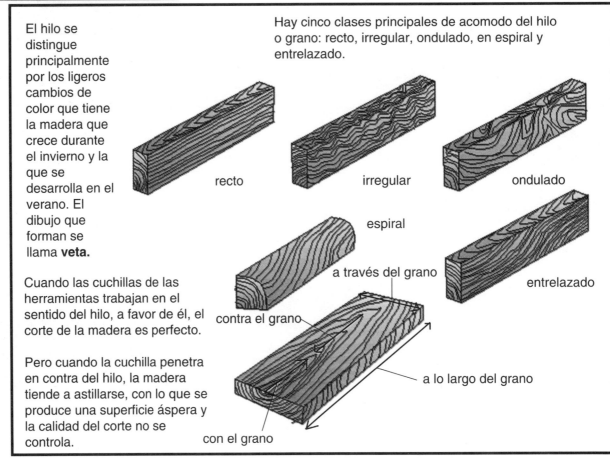

recto

irregular

ondulado

espiral

entrelazado

a través del grano

contra el grano

a lo largo del grano

con el grano

MADERA

El **pino** es una madera ligera y suave que se trabaja bien. Se usa mucho en muebles por su veta decorativa, contrastada en claro y oscuro. Es una excelente madera, pero sin protección o tratamiento no resiste la intemperie. Es la madera más abundante en México, donde junto con el abeto u oyamel resulta una de las maderas más populares y de mejor precio.

El **oyamel** o **abeto** es una madera clara, resinosa, de fibra recta, fina, suave, fácil de trabajar. Tampoco dura a la intemperie sin protección ni tratamiento.

El **cedro** es una madera muy ligera que contiene un aceite muy aromático. Resulta muy fácil de trabajar en dimensiones muy precisas y deja una buena apariencia en el acabado. Resulta buena para el labrado, aguanta bien los clavos y resiste muy bien la intemperie, aun sin tratamiento. El cedro rojo al principio es rojizo, pero después se vuelve gris plateado.

El **encino** es una madera fuerte, durable, que se mantiene razonablemente seca y puede durar siglos. Es la mejor de las maderas para la carpintería de barcos y con ella se hacen los barriles para maduración de los vinos. Tiene una beta bella y atractiva.

La **caoba** es madera tropical muy fina, recia, dura, con el grano muy fino y apretado. Es la madera más apreciada para los muebles por su bello color negro rojizo, por su facilidad de manejo, por los excelentes ensambles que se logran y por el brillo que alcanza al pulirse y bruñirse.

La madera que se consigue en las madererías puede ser madera maciza, chapa de madera, madera contrachapada y paneles de aglomerado.

La madera maciza puede venderse en varios cortes. Cuando ha sido cortada o labrada por sus cuatro lados, pero no ha sido dividida por la sierra y conserva todavía el corazón del árbol, se llama *madero* o *gualdra*.

Al dividir los maderos se obtienen maderas de sierra que tienen varios nombres, según su grosor y ancho. Están las **vigas,** de gran resistencia, de 10 a 20 cm de grosor por 20 cm de ancho y hasta 5 y 6 metros de longitud.

La vigueta o polín mide de 10 a 15 cm de lado y hasta 5 y 6 metros de largo.

Los **tablones** son tablas gruesas de 5 a 10 cm de grosor pero de 15 a 30 cm de ancho, por 2.40 metros de largo.

Las **tablas** son de menos de 5 centímetros de grosor y de 10 a 30 centímetros de ancho, por 2.40 metros de largo.

Los **listones** son tiras pequeñas de menos de 5 cm de grosor y de menos de 10 cm de ancho por 2.40 metros de largo.

Los tablones, las tablas y los listones se encuentran en las madererías en varias calidades: **de primera,** cuando la madera es clara y sin defectos.

De segunda, cuando tiene algunos defectos como pequeños nudos, grietas pequeñas en los extremos, manchas de hongo azul o un ligero alabeo o torcimiento.

De tercera, cuando la madera tiene defectos abundantes como nudos, cuarteaduras o deformaciones muy evidentes.

MADERA

La deformación más frecuente en la madera es el **alabeo,** del que hay varias clases, como el **acanalamiento,** que es una curvatura a lo ancho de toda la tabla.

El **arqueamiento** resulta cuando tiene una curva a lo largo del canto.

El **alabeo del canto** es cuando tiene una curva a lo largo de una cara.

El **torcido** o **espiralado** es cuando tiene una curva a lo largo y a lo ancho.

La madera que tiene los anillos anuales, los cuales se ven en el extremo de la tabla como unas delgadas líneas concéntricas, paralelas a sus bordes o cantos, resiste el alabeo.

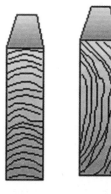

Mientras que las tablas con los anillos paralelos a las caras tienden a doblarse con los cambios de humedad.

La madera puede venderse áspera y sin labrar, tal como sale del aserradero; cepillada o pulida por una o dos caras y uno o dos cantos; o bien como madera maquilada, tal como la *duela* que viene machihembrada, con una ranura para que al unirse una tabla, entre en la otra.

Los nudos, además de que producen una desviación en la dirección de las fibras, son más duros que las fibras sanas, por lo que lastiman las herramientas con que se trabaja.

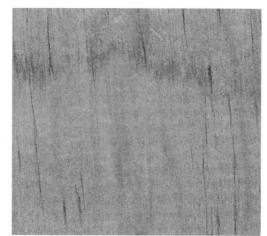

El deterioro por hongos es el más extenso. Cuando no destruyen la madera, la manchan. Para proteger la madera del ataque de los hongos se impregna de pentaclorofenol al 5 % o de otros productos protectores de la madera.

Las **chapas** son láminas o rebanadas delgadas de madera, generalmente fina y vistosa, que se pegan a una base estructuralmente fuerte, hecha con maderas más baratas.

Se usan para dar al mueble la apariencia de las maderas finas macizas, sin que se tenga el elevadísimo costo de la madera fina maciza.

La chapa se pega con pegamento de contacto sobre piezas lisas de madera terciada o piezas de madera aglomerada.

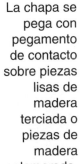

Otras veces, la madera terciada y la madera aglomerada se venden ya con una capa de chapa de madera fina.

En la actualidad las maderas finas generalmente sólo se consiguen como chapas y no como maderas macizas debido a su escasez cada vez mayor, su rareza y su elevadísimo costo.

La **madera terciada** consiste en un número impar de hojas de chapa pegadas entre sí con fibras **cuatrapeadas** para aumentar su rigidez, a la vez que para disminuir la tendencia de la madera a hincharse y encogerse. La madera terciada se puede cortar y doblar más fácilmente que la madera maciza.

Se vende en hojas de 3, 4.5 y 6 mm de grosor, con tres chapas de madera; en hojas de 9, 12 y 14 mm de grueso con cinco capas y de 19, 22 y 25 mm de grueso en hojas con siete capas. Las hojas tienen un ancho de 76, 91 y 122 cm por 122, 183 y 244 cm de largo.

La madera terciada tiene la desventaja de que los bordes tienden a abrirse y desbaratarse. Vienen con una o dos caras de buena calidad y pulidas, y otra cara con defectos y sin pulir. Las hay para interior y para exterior, hechas con adhesivo que resiste más a la humedad.

La **madera aglomerada** está hecha con aserrín y otros desperdicios del aserradero, de tamaño muy uniforme, prensados y pegados con una goma o adhesivo. Las hojas de madera aglomerada no son tan resistentes como la madera maciza, ni tan fuertes como la terciada, pero son sumamente útiles en gran cantidad de usos no estructurales, cuando no deben estar sujetas a cargas considerables.

La madera aglomerada se puede pegar muy fácilmente a la madera sólida y para trabajarla se pueden usar las herramientas comunes, aunque para que no pierdan el filo en los trabajos pesados, conviene que las herramientas que use sean con filos de carburo.

El aglomerado es mucho más pesado que la madera maciza o que la terciada. Absorbe mucho la humedad, de manera que todas sus superficies deben ser selladas, si van a usarse en lugares húmedos.

No retiene bien los clavos, pero sí trabaja bien con los tornillos, aunque el agujero guía para que penetre el tornillo debe ser mucho más chico que el que se hace en la madera maciza.

Se venden pulidas o sin pulir, en espesores de 7.5, 9, 10, 14, 16, 19, 21 y 25 mm, en láminas de 122 cm de ancho por 122 y 244 cm de largo.

MADERA

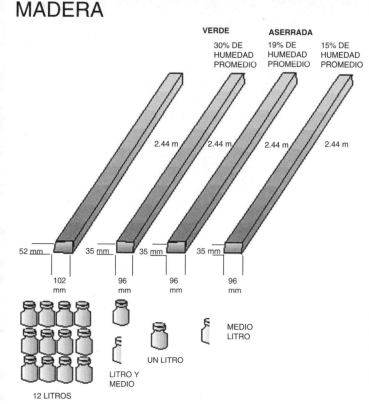

VERDE

ASERRADA

30% DE HUMEDAD PROMEDIO

19% DE HUMEDAD PROMEDIO

15% DE HUMEDAD PROMEDIO

2.44 m   2.44 m   2.44 m   2.44 m

52 mm   35 mm   35 mm   35 mm

102 mm   96 mm   96 mm   96 mm

12 LITROS

LITRO Y MEDIO

UN LITRO

MEDIO LITRO

La mayoría de los problemas de la madera tienen que ver con el agua o la humedad. La madera siempre tiene agua. Cuando un árbol se corta, su madera contiene entre 30 % y 300 % más de humedad que cuando está seca.

Se cree que la madera tiene menos agua de la que en realidad tiene. Una tabla de pino de 5 cm de grueso por 10 cm de ancho y 240 cm de largo, pierde alrededor de 12 litros desde que se corta hasta que se queda seca, a nivel del ambiente.

Si la madera recién cortada se pone en un lugar relativamente seco, el agua que contiene se evapora poco a poco. Igual que una esponja, al secarse se encoge y endurece.

La cantidad de agua que pierde y lo que encoge dependen de la humedad que haya en la atmósfera. Conforme se seca, el largo permanece más o menos igual, pero el ancho y el grueso disminuyen. Una tabla de 5 cm de grueso, por 25 cm de ancho, al secar encoge 2 mm en el grueso y 1 cm en el ancho.

Al igual que una esponja seca que se ha dejado en un lugar húmedo, se humedece, la madera seca puede recuperar su humedad e hincharse cuando el ambiente es más húmedo.

La humedad del aire determina el contenido de la humedad de la madera, y el contenido de la humedad determina la dimensión de la madera. Las altas y bajas en la humedad según las estaciones del año hacen que la madera se hinche y se encoja.

Cuando se trabaja con madera húmeda los pegamentos pueden pegar mal, pueden producirse hongos que cambien el color de la madera, o puede suceder que la pintura o el barniz no se adhieran. Sin embargo, el principal problema es el cambio de tamaño cuando encoge. Por eso se procura que la madera se encoja antes y no después de hacer el mueble.

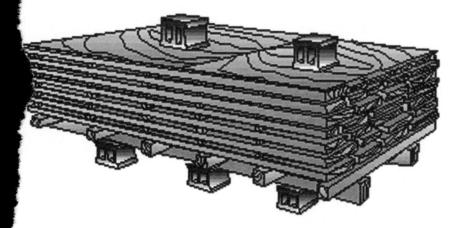

Por ello, es muy importante conseguir madera que tenga el nivel apropiado de sequedad o ser capaz de secarla. Ya que se tiene madera seca es necesario poder conservarla seca, para luego construir y terminar el mueble con el acabado que lo proteja de los cambios de humedad en el ambiente.

El secado es una operación en la cual se quita el agua que contiene la madera, hasta que entra en equilibrio con el ambiente o ligeramente más bajo que el ambiente.

El secado tiene que ser regulado para controlar las tensiones de encogimiento que puedan ocurrir, pues al perder humedad, la madera tiende a alabearse o torcerse.

Hay dos métodos para secar la madera: el **secado al aire** y el **horneado o estufado**. El secado puede lograrse dejando la madera expuesta al aire libre unos meses, hasta que tiene la humedad adecuada del ambiente, que es del 12 al 19 % de humedad, con lo que queda en equilibrio con el ambiente abierto.

Para secar se coloca en pilas con las maderas separadas entre sí en capas, dejando espacios por los que pueda circular el aire.

En las regiones húmedas el equilibrio con el contenido de humedad del aire suele ser más alto, mientras que en las regiones secas, semidesérticas, el equilibrio se alcanza con un nivel más bajo de humedad.

Si se quiere bajar aún más el porcentaje de humedad, hasta un 7 o un 8 % entonces se tiene que hacer el secado en hornos o estufas por las que circule aire caliente, y el secado se hace en pocas semanas, mientras que los materiales no tiendan a deformarse.

La madera secada correctamente en un horno es insuperable en la carpintería, aunque hay que tener cuidado de que no recupere su nivel de humedad.

Como no hay hornos baratos, el carpintero tiene que secar la madera de otro modo, generalmente en un cuarto caliente de su casa o taller. Pero, cuando la evaporación de la humedad es muy rápida, la madera se pue agrietar, por lo que es mejor poner encima de la pila de madera una ho de plástico, y así elevar la humedad y hacer más lenta la evaporación.

Un buen diseño de mueble, que permita el movimiento de la madera también es muy útil, pero el método principal para que la madera del mueble no cambie de tamaño, es sellar la pieza terminada, para evitar el intercambio de humedad con el ambiente.

Los materiales de acabado varían en su habilidad para sellar las superficies de la madera. Entre los menos efectivos está el *aceite de linaza* y los llamados *aceites penetrantes,* que varían de bajos a moderados, en su capacidad para excluir la humedad. Se necesitan muchas capas para que detengan algo.

La laca natural es permeable a la humedad. La laca sintética es un poco mejor, pero aun así es poco efectiva.

Lo mejor son los barnices y esmaltes sintéticos modernos.